Selbstbewusstsein & Authentizität –
Über die Kunst du selbst zu sein

Jonathan Sierck

*Für meine 3 Brüder Nils-Claudio, Immanuel und Daniel.
Wer solche Geschwister hat, geht glücklich durchs Leben.
Ich danke euch für unseren einmaligen Zusammenhalt.*

Bibliographische Information der Deutschen Nationalbibliothek
Die Deutsche Nationalbibliothek verzeichnet diese Publikation in der Deutschen Nationalbibliographie; detaillierte bibliographische Daten sind im Internet über http://dnb.d-nb.de abrufbar.

Es ist nicht gestattet, Abbildungen und Texte dieses Buches zu scannen, in PCs oder auf CDs zu speichern oder mit Computern zu verändern oder einzeln oder zusammen mit anderen Bildvorlagen zu manipulieren, es sei denn mit schriftlicher Genehmigung des Autors.

All Rechte sind dem Autor vorbehalten.

Auflage 2016

Jonathan Sierck, „Selbstbewusstsein & Authentizität - Über die Kunst du selbst zu sein"
© Jonathan Sierck, München
Cover & Bildgestaltung: Lala Design, Laura Ofenreiter & Antti Kirjalainen
Satz und Bearbeitung: Lala Design - Laura Ofenreiter
Gesamtherstellung und Druck: CreateSpace

ISBN: 978-1540368881

www.jonathansierck.com

„Denn das Große besteht nicht darin, dieses oder jenes zu sein, sondern darin, man selbst zu sein; und das vermag jeder Mensch, so er will."
Søren Kierkegaard

INHALT

Vorwort – Philipp von der Wippel   9

Einleitung – Der Leser, das Leben und seine Paradoxe   13

Teil 1: Du gegen Dich   19

Kapitel 1: Was es heißt, selbstbewusst und authentisch zu sein 19

Kapitel 2: 7 Gründe, wieso wir uns selbst im Weg stehen   37

Kapitel 3: Verleugnete Charakterzüge - der Spiegel-Faktor   59

Teil 2: Du gegen andere   89

Kapitel 4: Unterordnung, Schuldgefühle & Vergleiche   89

Kapitel 5: Die Opfer-Strategie   110

Kapitel 6: Authentizität und innere Freiheit   131

Teil 3: Du mit Dir und der Welt   145

Kapitel 7: Was es heißt, sich selbst zu kennen   145

Kapitel 8: Innere Klarheit   167

Kapitel 9: Ein Leben in Einklang führen   179

Epilog – Dein Licht leuchten lassen   189

Danke!   192

Literaturverzeichnis   194

Vorwort – Philipp von der Wippel

Wann sind wir wirklich selbstbewusst und authentisch? Vielleicht ist es schwer oder gar unmöglich, dies über uns selbst zu sagen. Denn sind wir noch authentisch, sobald wir darüber nachdenken oder sprechen? Sind wir vielleicht gerade in den Momenten nicht selbstbewusst und nicht authentisch, in denen wir uns damit bewusst beschäftigen? Im Beobachten von anderen gelingt uns das weit besser. Wir können symptomatisch beschreiben, wie wir eine selbstbewusste und authentische Person charakterisieren. Auf mich beispielsweise wirkt eine Person dann selbstbewusst und authentisch, wenn sie eine tiefe und ruhende Zufriedenheit ausstrahlt. Dann merke ich, dass mein Gegenüber seinen Sinn und seine Berufung gefunden hat. Die Findung des eigenen Sinns ist die Ursache für positive Eigenschaften, wie Selbstbewusstsein und Authentizität. Deshalb erachte ich dieses Buchprojekt als so wunderbar, weil Jonathan nicht den Leser künstlich trainieren möchte, selbstbewusstes und authentisches Handeln vorzuspielen. Denn wahres Selbstbewusstsein und wirkliche Authentizität kann erst als Folge einer grundlegenden Reise mit sich und zu sich selbst erfolgen. Dieses Buch ist vielmehr ein ausgereiftes Hilfsmittel und Begleiter, diesen inneren Prozess anzustoßen und Schritt für Schritt zu gehen.

In der gleichen Intention habe ich die Organisation ProjectTogether gegründet. Die Organisation ermöglicht jungen Menschen, ihre eigenen Ideen in sozialen Projekten anzupacken und umzusetzen. Auf diese Weise hat die Organisation bereits viele junge Menschen darin bestärkt, ihren eigenen Anliegen nachzugehen und den jeweils subjektiv-richtigen Weg zu finden. In der Zusammenarbeit mit vielen Jugendlichen habe ich für mich die Quintessenz darin gefunden, dass eine erfolgreiche Sinnfindung letztendlich in Selbstliebe mündet. Wie Jonathan es im Folgenden im Detail ausführen wird, so erachte auch ich die Selbstliebe als die Grundlage des eigenen Glücks und des persönlichen Erfolgs. Der Zusammenhang von Selbstfindung und Selbstliebe besteht in beide

Richtungen: Wer sich selbst erkennt, der nimmt sich an und kann sich selbst lieben. Gleichzeitig findet sich derjenige selbst, der sich annimmt. Beides bedingt sich gegenseitig.

Als Einstimmung auf dieses gelungene Buch möchte ich jemanden zitieren, der weit mehr Lebenserfahrung und Weisheit innehatte. Charlie Chaplin hat anlässlich seines 70. Geburtstags das Gedicht „Als ich mich selbst zu lieben begann" geschrieben. In diesem wunderbaren Text bringt er all die Gedanken auf den Punkt, die mich in diesem Buch von Jonathan angesprochen haben.

„Als ich mich selbst zu lieben begann …

habe ich verstanden, dass ich immer und bei jeder Gelegenheit, zur richtigen Zeit am richtigen Ort bin
und dass alles, was geschieht, richtig ist – von da an konnte ich ruhig sein.
Heute weiß ich: Das nennt man SELBST-BEWUSST-SEIN.

Als ich mich selbst zu lieben begann,
konnte ich erkennen, dass emotionaler Schmerz und Leid
nur Warnungen für mich sind, gegen meine eigene Wahrheit zu leben.
Heute weiß ich: Das nennt man AUTHENTISCH SEIN.

Als ich mich selbst zu lieben begann,
habe ich verstanden, wie sehr es jemand beleidigen kann,
wenn ich versuche, diesem Menschen meine Wünsche aufzudrücken,
obwohl ich wusste, dass die Zeit nicht reif war und der Mensch nicht bereit, und auch wenn ich selbst dieser Mensch war.
Heute weiß ich: Das nennt man RESPEKT.

Als ich mich selbst zu lieben begann,
habe ich aufgehört, mich nach einem anderen Leben zu sehnen

und konnte sehen, dass alles um mich herum eine Einladung zum Wachsen war.
Heute weiß ich, das nennt man REIFE.

Als ich mich selbst zu lieben begann,
habe ich aufgehört, mich meiner freien Zeit zu berauben,
und ich habe aufgehört, weiter grandiose Projekte für die Zukunft zu entwerfen.
Heute mache ich nur das, was mir Freude und Glück bringt,
was ich liebe und was mein Herz zum Lachen bringt,
auf meine eigene Art und Weise und in meinem eigenen Rhythmus.
Heute weiß ich, das nennt man EINFACHHEIT.

Als ich mich selbst zu lieben begann,
habe ich mich von allem befreit, was nicht gesund für mich war,
von Speisen, Menschen, Dingen, Situationen
und von Allem, das mich immer wieder hinunterzog, weg von mir selbst.
Anfangs nannte ich das „Gesunden Egoismus",
aber heute weiß ich, das ist SELBSTLIEBE.

Als ich mich selbst zu lieben begann,
habe ich aufgehört, immer recht haben zu wollen, so habe ich mich weniger geirrt.
Heute habe ich erkannt: das nennt man BESCHEIDENHEIT.

Als ich mich selbst zu lieben begann,
habe ich mich geweigert, weiter in der Vergangenheit zu leben und mich um meine Zukunft zu sorgen.
Jetzt lebe ich nur noch in diesem Augenblick, wo ALLES stattfindet,
so lebe ich heute jeden Tag, Tag für Tag, und nenne es BEWUSST-HEIT.

Als ich mich zu lieben begann,
da erkannte ich, dass mich mein Denken behindern und krank

machen kann. Als ich mich jedoch mit meinem Herzen verband, bekam der Verstand einen wertvollen Verbündeten.
Diese Verbindung nenne ich heute HERZENSWEISHEIT.

Wir brauchen uns nicht weiter vor Auseinandersetzungen, Konflikten und Problemen mit uns selbst und anderen fürchten, denn sogar Sterne knallen manchmal aufeinander und es entstehen neue Welten.
Heute weiß ich: DAS IST DAS LEBEN!"

– Charlie Chaplin an seinem 70. Geburtstag am 16. April 1959 –

Im Folgenden wird Jonathan auf jeden dieser Aspekte im Einzelnen eingehen. Beim Lesen dieses Buches hat sich in mir persönlich viel bewegt. Es hat mich darin bestärkt, mich am richtigen Ort zu fühlen: Statt Alternativen zu beneiden, hat sich mein Fokus auf das Machbare intensiviert. Gleichzeitig fühle ich mich mehr im Frieden mit mir selbst – mit allen Erfolgen und Misserfolgen, denn alles hat seine Zeit. Hinsichtlich den Erwartungen meiner Umwelt konnte ich die Vorstellung überkommen, dass es ein „richtig" oder „falsch" gibt. Stattdessen habe ich in den Vordergrund gerückt, was meine subjektiven Bedürfnisse sind, und was mir gut tut und was auch nicht.

Ich danke Jonathan für seinen Mut, Wegbereiter für diese innere Reise zum eigenen Selbst zu sein. Wir alle sind Segler auf dem Meer des Lebens. Ein Kompass kann uns Orientierung geben. Dieses Buch ist ein solcher Kompass.

Oxford, am 1. Oktober 2016
Philipp von der Wippel

Einleitung: Der Leser, das Leben und seine Paradoxe

Wenn die These stimmt, dass wir Menschen, anderen Menschen die Dinge am besten erklären und näher bringen können, mit denen wir uns selbst am schwersten tun und die wir selbst noch zu lernen haben, dann muss dieses Buch hier ziemlich gut sein. Warum das der Fall ist, erkläre ich sofort.

Das Klischee des renommierten Eheberaters, der geschieden ist, kennen wir alle. Auch der hervorragende Psychologe, der seinen Klienten wirkliche Hilfestellung bieten kann und ihnen das Gefühl gibt, sie tatsächlich zu verstehen, selbst allerdings mit den größten inneren Dämonen zu kämpfen hat, dürfte unter anderem aus Filmen bekannt sein. Der erfolgreiche Unternehmensberater, der selbst Pleite ging, ist ein weiteres Musterbeispiel. Der meisterhafte Pick-Up-Artist, der lange selbst keine Frau verführen konnte ... usw. Für jeden Bereich ließe sich hierzu ein Beispiel finden. Festhalten können wir folgendes: was uns selbst am schwersten gefallen ist und am schwersten fällt, können wir anderen oft am klarsten und aufrichtigsten erläutern.

Als ich mich in der siebten Klasse das erste Mal richtig in ein Mädchen verschaut hatte und wir uns auf ein Date verabredeten, machte ich mir vor Nervosität beinahe in die Hosen. Also ging ich zu meinem älteren Bruder und fragte ihn nach Rat: *„Wie verhalte ich mich am besten auf so einem Date?"* Seine Antwort: *„Ganz simpel. Sei einfach du selbst. Das mögen Frauen."*

Sein Tipp, der trivial wirken mag, hatte einen großen Haken, ja sogar eine Widersprüchlichkeit für mich. *„Du selbst sein"* und das Wort *„einfach"* beißen sich enorm – zumindest aus meiner damaligen Sicht. Was mache ich bitte, um *ich selbst zu sein?* Wie sieht das aus? Gibt es dafür eine Checkliste, nach der ich mich richten kann? – ich hätte sie bitterlich gebraucht ...

Mein Versuch *ich selbst zu sein*, ist kläglich gescheitert. Verkrampft war ich ohne Probleme – das war einfach und simpel.

EINLEITUNG

Doch das mögen Frauen eher nicht, durfte ich lernen. Im Laufe der Jahre musste ich immer wieder eine Sache feststellen: Wenn jemand zu mir gesagt hat, *„Joni, du machst das schon. Entspann dich. Sei einfach du selbst, dann wird das auf jeden Fall."*, ist es meistens in die Hose gegangen. Dieser bewusste Versuch einfach ich selbst zu sein, wollte mir nicht gelingen. Also habe ich meine Strategie geändert und für eine Weile versucht, den *Coolen* zu spielen, was sich immer als Stolperstein zum *Selbst-Sein* entpuppt hat. Es sollte mir schlichtweg nicht gelingen. Mir selbst zu sagen *„Joni, sei du selbst"*, hat mich jedes Mal aufs Neue von meinem Vorhaben weggeführt und es zum Scheitern gebracht. Dass ich dann, sobald ich wieder alleine war, nicht sonderlich erfreut über mich selbst gewesen bin, hat die Sache nicht verbessert. Ich habe hier zum ersten Mal feststellen müssen, dass es auch Dinge im Leben gibt, die durch gezielte Anstrengung und wiederholtes Versuchen, nicht zum Erfolg führen. Davor hatte ich stets geglaubt, dass wenn ich mich nur fest genug in eine Sache hineinbeiße und sie durch meinen Ehrgeiz und Willen vehement verfolge, dann kriege ich das auch hin. Pustekuchen.

Heute liebe ich Yoga, weil es mich dieses Prinzip Stunde für Stunde aufs Neue lehrt: meine Verbissenheit und mein Ehrgeiz ermöglichen mir nicht meinen Fortschritt. Es ist die Verbundenheit mit mir selbst, mein Vertrauen, meine Akzeptanz der Umstände und mein Loslassen-Können, das mich weiterbringt. Das hat nichts mit Inaktivität zu tun. Es ist eine andere Form des Strebens. Über Einsatz, Wille und Hartnäckigkeit lässt sich zweifelsohne enorm viel bewirken und erreichen. Doch es gibt Dinge, die mit anderen *Werkzeugen* geknackt werden. *„Du selbst sein"* ist eine von diesen Dingen. Und weil ich solange mit diesem Selbst-Sein gehadert und gekämpft habe und es stellenweise noch tue, glaube ich, zumindest in manchen Punkten wie der geschiedene Eheberater zu sein, der vielen anderen ermöglicht, die eigene Beziehung auf die Reihe zu kriegen. Ob das stimmt, werden die folgenden Seiten zeigen.

Immer wenn ich zum Schreiben ansetze, muss ich an die Worte von Herrmann Hesse aus seinem grandiosen Siddhartha denken. Dort schreibt er:

„Manche Gedanken waren es, aber schwer wäre es für mich, sie dir mitzuteilen. Sieh, mein Govinda, dies ist einer meiner Gedanken, die ich gefunden habe: Weisheit ist nicht mitteilbar. Weisheit, welche ein Weiser mitzuteilen versucht, klingt immer wie Narrheit. [...] Wissen kann man mitteilen, Weisheit aber nicht. Man kann sie finden, man kann sie leben, man kann von ihr getragen werden, man kann mit ihr Wunder tun, aber sagen und lehren kann man sie nicht. [...] Die Worte tun dem geheimen Sinn nicht gut, es wird immer alles gleich ein wenig anders, wenn man es ausspricht, ein wenig verfälscht, ein wenig närrisch. [...] Auch bei ihm, auch bei deinem großen Lehrer, ist mir das Ding lieber als die Worte, sein Tun und Leben wichtiger als sein Reden, die Gebärde seiner Hand wichtiger als seine Meinungen. Nicht im Reden, nicht im Denken sehe ich seine Größe, nur im Tun, im Leben."

Gedanken, die mir oft so klar und einleuchtend erscheinen, wirken plötzlich nebulös auf mich, wenn ich sie kommunizieren oder niederschreiben will. Hin und wieder geht es mir mit meinen Themen wie Augustinus mit der Zeit. Er sagte: *„Was ist also die Zeit? Wenn mich niemand danach fragt, weiß ich es, wenn ich es aber einem, der mich fragt, erklären sollte, weiß ich es nicht."*

Im Geist herrscht Klarheit, die durch die eigenen Worte bereits verwässert wird. Mit den Themen dieses Buches geht es mir ein klein wenig wie einem Maler, der sein Kunstwerk vor dem inneren Auge sehen kann und dann dennoch feststellen muss, dass seine Umsetzung etwas davon abweicht. Worte bringen ihre Grenzen mit sich. Und trotzdem wäre es völlig irrational, ein leichter Ausweg, ja sogar eine Flucht, und auch egoistisch, sich durch diesen Gedanken zurückhalten zu lassen und der Welt vorzuenthalten, was man mit ihr teilen möchte und wodurch man sie bereichern will.

EINLEITUNG

In diesem Buch will ich dich deshalb einladen, einen gemeinsamen Weg zu gehen. Auf diesem Weg will ich mit dir und für dich einige Gedanken zu diesen Themen entfalten. Es kann gut sein, dass wir uns dabei nicht immer einig sein werden, uns womöglich etwas aneinander reiben und eventuell brauchen wir auch mal ein wenig Abstand voneinander. Doch bin ich mir sicher, dass wir am Ende des gemeinsamen Weges, das gleichsam ein neues Kapitel deiner weiteren Reise darstellen wird, bereichert weiterziehen und dankbar zurückblicken.

Ich würde dir keinen Gefallen tun, wenn ich dich nicht mit der einen oder anderen These leicht herausfordern – vielleicht sogar provozieren, dich etwas kitzeln und aus deiner Komfortzone locken würde. Dann wäre unser Zusammensein ohne Wert. Ich sehe es zwar nicht ganz so radikal wie Kafka (*„Ich glaube man sollte überhaupt nur solche Bücher lesen, die einen beißen und stechen. Wenn das Buch, das wir lesen, uns nicht mit einem Faustschlag auf den Schädel weckt, wozu lesen wir dann das Buch?"*) oder anmaßend wie Goethe (*„Eigentlich lernen wir nur aus Büchern, die wir nicht beurteilen können. Der Autor eines Buches, das wir beurteilen können, müsste von uns lernen."*), doch treffen beide einen mir wichtig erscheinenden Punkt: das Lesen, das nur dazu dienen soll, sich in seinen eigenen Ansichten bestätigt zu sehen, kann nie zur Erweiterung des eigenen Blickwinkels dienen. Und die Offenheit sich zuerst zu bemühen, den Gedanken des anderen verstehen zu wollen, bevor man ihn aufgrund eigener, *besserer* Gedanken verwirft, stellt die Grundlage dafür dar. Voreingenommenes Lesen, bei dem alles durch die eigene Brille gefiltert wird, dient selten zur persönlichen Weiterentwicklung.
Die Anforderung an (m)einen Leser hat Nietzsche am pointiertesten, vor allem im letzten Satz, der folgenden Passage zu Papier gebracht:

„Der Leser, von dem ich etwas erwarte, muß drei Eigenschaften haben. Er muß ruhig sein und ohne Hast lesen. Er muß nicht immer

sich selbst und seine „Bildung" dazwischen bringen. Er darf endlich nicht am Schlusse, etwa als Resultat, neue Tabellen erwarten. Tabellen und neue Stundenpläne für Gymnasien und andre Schulen verspreche ich nicht, bewundere vielmehr die überkräftige Natur jener, welche imstande sind, den ganzen Weg von der Tiefe der Empirie aus bis hinauf zur Höhe der eigentlichen Kulturprobleme und wieder von da hinab in die Niederungen der dürrsten Reglements und des zierlichsten Tabellenwerks zu durchmessen; sondern zufrieden, wenn ich, unter Keuchen, einen ziemlichen Berg erklommen habe und mich oben des freieren Blicks erfreuen darf, werde ich eben in diesem Buche die Tabellenfreunde nie zufriedenstellen können. [...] Für die ruhigen Leser ist das Buch bestimmt, für Menschen, welche noch nicht in die schwindelnde Hast unseres rollenden Zeitalters hineingerissen sind und noch nicht ein götzendienerisches Vergnügen daran empfinden, wenn sie sich unter seine Räder werfen, für Menschen also, die noch nicht den Wert jedes Dinges nach der Zeitersparnis oder Zeitversäumnis abzuschätzen sich gewöhnt haben."

Das Buch gliedert sich in drei Teile, die aufeinander aufbauen. Im ersten Teil *„Du gegen Dich"* geht es um den inneren Konflikt und darum, wieso wir uns selbst oft im Weg stehen und unser eigener Gegner sein können. Es geht auch darum, eine klare Begriffsanalyse durchzuführen und herauszuarbeiten, was überhaupt unter Authentizität und Selbstbewusstsein zu verstehen ist.

Im zweiten Teil *„Du gegen andere"* wandert der Fokus von der individuellen Ebene zur sozialen Ebene. Schwerpunkte werden sein, wie unser Umfeld, deren Erwartungen, und deren Handeln, sich auf unser Selbst-Sein auswirkt und uns in unserem Wesen und unserem Verhalten beeinflusst. Im dritten Teil *„Du mit Dir und der Welt"* geht es letztendlich darum, einen (Lebens-)Ansatz gemäß des Selbst herauszuarbeiten; einen Ansatz, durch den wir sagen können, wir führen ein Leben in Einklang mit uns, unserem Umfeld, und der Natur. Wir werden uns mit der Frage befassen, ob es für einen solchen Ansatz universalistische Prinzipien und Merkmale geben kann, oder ob diese rein individueller und subjektiver Natur sein müssen.

Eine letzte Sache noch zum Schreibstil. Ich spreche oft von wir und uns. Mit *wir* sind zumeist *wir Menschen* als rational denkende und handelnde Wesen gemeint. Hin und wieder meine ich mit *wir* auch nur *wir beide*, weil es sich um einen Austausch, einen Dialog, einen gemeinsamen Weg, den wir zu zweit gehen, handeln soll. Diese Unterscheidung dürfte klar ersichtlich sein. Dasselbe trifft auf den Gebrauch von *uns* zu. Mir ist klar, dass wenn ich von *wir* spreche, und damit *wir Menschen* meine, das unvermeidlich einen gewissen Allgemeingültigkeitsanspruch mit sich bringt. Ich will keineswegs alle Menschen über einen Kamm scheren oder mir anmaßen, zu wissen, wie alle Menschen sind. Es geht mir mehr darum, Verbindungen zwischen uns Menschen herzustellen. Schließlich sind wir eine Spezies, die allein dadurch auf gewisse Art und Weise miteinander verbunden ist. Es soll sich niemand in seiner Individualität und Einzigartigkeit angegriffen fühlen.

Ich bin darum bemüht, keine bzw. nur sehr wenige rein normative Ansätze darzulegen. Falls dies doch mal der Fall sein sollte, folge ich hier dem Ansatz des normativen Empirismus, wie er von Fredmund Malik in *Führen – Leben – Leisten* vertreten wird: „Wenn sich etwas praktisch-empirisch bewährt hat, dann ist es vernünftig, dieses auch zur Norm zu erheben – bis sich die Umstände grundlegend verändern."

Wer eine rigide Gebrauchsanweisung, eine einfache Checkliste oder ein *How-To: Wege zum Authentisch-Sein* erwartet, wird hier nur bedingt fündig, denn der Weg zum (authentischen) Selbst ist kein linearer 7-Schritte Prozess.

Viel Spaß beim Lesen und Nachdenken. Ich freue mich auf den gemeinsamen Wegabschnitt.

Teil 1: Du gegen Dich

Kapitel 1: Was es heißt, selbstbewusst und authentisch zu sein

„Die meisten Menschen, Kamala, sind wie ein fallendes Blatt, das weht und dreht sich durch die Luft, und schwankt, und taumelt zu Boden. Andre aber, wenige, sind wie Sterne, die gehen eine feste Bahn, kein Wind erreicht sie, in sich selber haben sie ihr Gesetz und ihre Bahn."
Herrmann Hesse in Siddhartha

Selbstbewusstsein und Authentizität sind zwei große und populäre Begriffe. In unserer Alltagssprache treten sie mit verlässlicher Regelmäßigkeit auf. Der Kontext, in dem sie genutzt werden, variiert zwar meistens, allerdings können wir eine Sache gleich zu Beginn dieser Ausführungen festhalten: beide Begriffe beziehen sich auf den Menschen. Um es noch präziser zu sagen: beide Begriffe werden genutzt, um den Menschen und sein Verhalten genauer zu beschreiben. So fällen wir gerne Aussagen wie die folgenden:
„Ihm fehlt das nötige Selbstbewusstsein." (Eine Aussage, die gerne von Sport-Reportern gefällt wird, um die mentale Verfassung eines Spielers oder einer Mannschaft hervorzuheben.)
„Sie gefällt mir, weil sie unglaublich authentisch ist."
„Sein selbstbewusstes Auftreten macht ihn besonders attraktiv."
„Dass sie authentisch in ihrem Handeln ist, macht sie zu einer großartigen Führungskraft."

Die Anzahl an möglichen Aussagen ist hier natürlich unbegrenzt. Doch unabhängig davon, wie viele Aussagen ich auflisten würde, sie wären fast ausnahmslos im Zusammenhang mit dem Menschen getroffen. Eine alltagssprachliche Aussage von einem selbstbewussten oder authentischen Baum, Tier, Haus, oder einer Maschine, würde uns im Großteil der Fälle unsinnig und unpassend vorkommen.¹ Vor allem beim Begriff des Selbstbewusstsein dürfte uns das schnell einleuchten. Denn einzig der Mensch ist sich wirklich seines Selbst auch bewusst. Beim Begriff der Authentizität müssen wir noch etwas weiter ausholen, bevor uns intuitiv einleuchtet, dass wir den Begriff exklusiv dem Menschen zuschreiben.

Wovon genau sprechen wir, wenn wir sagen, dass jemand selbstbewusst oder authentisch ist und was meinen wir damit? Sich seines Selbst bewusst zu sein, ist schließlich noch lange keine hinreichende Erläuterung von Selbstbewusstsein. Und auch wenn das der Fall wäre, müssten wir trotzdem noch klären, was mit dem Selbst gemeint sein soll.

Systematisch gehe ich nun so vor: ich stelle einige Kernthesen des Buches bereits in diesem ersten Kapitel auf und erläutere sie dann Schritt für Schritt. Das Ziel dabei ist es am Ende des Buches ein kleines Puzzle zusammengesetzt und Klarheit für dich als LeserIn geschaffen zu haben.

Das Missverständnis der Authentizität

Der Begriff des *Authentisch-Seins* hat sich über die letzten Jahre hinweg zu einem Modewort entwickelt. Er wurde sogar so oft, so gerne und stellenweise so falsch und überflüssig verwendet, dass die Süddeutsche Zeitung ihn zum Unwort des Jahres 2010 vorschlagen wollte.

Dort hieß es in einem Artikel von Tobias Haberl:

„Ich bin authentisch", sagte Hannelore Kraft im NRW-Wahlkampf. „Ich bin immer authentisch", antwortete Sami Khedira auf die Frage,

---

[1] Nur der Vollständigkeit halber folgende Anmerkung: Eine anthropomorphe Gottesbeschreibung wäre wohl neben dem Menschen, der einzig andere sprachliche Anwendungsbereich der beiden Begriffe.

warum er auf dem Platz so cool wirke. „Für mich ist es wichtig, dass ich authentisch bleibe", sagt der Golfprofi Martin Kaymer. „Seid authentisch", raten Management-Trainer frisch beförderten Führungskräften und bekommen viel Geld dafür.

Könnte es sein, dass es reicht? Dass man anfängt, sich nach Lüge und Fälschung und Illusion zu sehnen, weil auf einmal jeder nur noch eines sein möchte: authentisch? Und weil man den Menschen, die von sich behaupten, es zu sein, alles Mögliche glaubt, nur genau das eben nicht? Eine Archivrecherche ergibt: Allein in der Woche, in der dieser Artikel geschrieben wurde, waren in der deutschen Presse 53 Dinge authentisch, darunter die Villa eines französischen Ehepaars, der Geschmack einer Tiefkühlpizza, das Verhältnis zweier Radiomoderatoren, Stefan Raab, die Dialoge eines neuen Romans, die Schauplätze im neuen Film von Dominik Graf und der Mainzer Fußballtrainer Thomas Tuchel.

Mein älterer Bruder hatte sich damals ebenfalls der *Authentisch-Euphorie-Welle* angeschlossen. Ich musste ihn schlussendlich darum bitten, den Begriff zumindest vorübergehend aus seinem Wortschatz zu streichen, weil er diesen – zumindest meiner Wahrnehmung nach – so schönen Begriff, genauso wie viele andere missbrauchte.

Die für uns zentrale Frage lautet: was sagt ein Mensch über sich, wenn er wie Khedira davon spricht, immer authentisch zu sein? Und was sagen wir über einen anderen Menschen, wenn wir ihn wegen seines Authentisch-Seins bewundern?

Beginnen wir unsere Analyse damit, einen genauerer Blick auf die Verwendung und die Situationen zu werfen, in denen wir den Begriff in den Mund nehmen. Das Ziel dieser Analyse ist es, dass wir dadurch eine klare Vorstellung gewinnen und einen Maßstab dafür haben, was es heißt, authentisch zu sein und was nicht. Es ist dabei ähnlich wie mit der Frage nach einem erfüllten, sinnvollen oder geglückten Leben. Bevor wir von einem derartigen Leben sprechen können, müssen wir erst einmal Klarheit darüber gewinnen, was das überhaupt bedeuten soll. Erst wenn diese Grundlage gegeben ist, können wir uns damit auseinandersetzen, welche Handlungsschritte ergriffen werden können, um dieses Leben zu führen oder um authentisch zu sein. Ich bin der festen Überzeugung, dass einige Konflikte, Streitgespräche und Missverständnisse auftreten, weil oft nicht klar genug kommuniziert wird, was mit dem Gesagten genau gemeint sein soll. Nicht selten passiert es, dass zwei Parteien oder Einzelpersonen eigentlich ein und dieselbe Meinung vertreten, allerdings mit unterschiedlichen Begriffen arbeiten und dadurch aneinander vorbei sprechen.

Ich glaube, dass wir den Begriff Authentizität, unabhängig davon, ob wir ihn als Prädikat oder als Subjekt verwenden, im absoluten Großteil der Fälle missverständlich oder sogar falsch benutzen. Oft liegen Authentisch-Sein und Bewunderung sehr eng beieinander. Wir erleben einen Menschen, der sich in seinem Element befindet und einer Tätigkeit nachkommt, die er liebt, und bezeichnen den Menschen als authentisch. Wir sehen ihn von seiner besten Seite; bekommen ihn in einem Moment zu fassen, in dem er glänzt, weil er das tun darf, was er am liebsten tut. Dadurch entsteht schnell – meiner Meinung nach zu schnell – die Auffassung, dass jemand, der seinen Lebenstraum lebt, automatisch auch authentisch ist. Meistens sind es die Menschen, die wir auf ein Podest heben, denen wir das Prädikat *Authentisch* aufstempeln. Doch ist das nicht etwas zu kurz gegriffen? Wenn von einem authentischen Moment der Person die Rede wäre, würde ich mich damit anfreunden können. Doch gleich zu urteilen, dass wir es mit einem authentischen Menschen zu tun hätten, ist das nicht etwas sehr voreilig? Oftmals kennen wir den Menschen nicht einmal gut oder gar nicht und glauben schon, sagen zu können, er wäre authentisch. (Ich werde in Kapitel 7 darauf zu sprechen kommen, was es heißt, jemanden zu kennen und was es heißt, sich selbst zu kennen.) Damit verfehlen wir jedoch den Punkt und bauen gleichzeitig noch eine schwerwiegende Erwartungshaltung uns selbst gegenüber auf. In unserer Bewunderung sehen wir oft nur den Teil des Charakters, den wir sehen wollen und blenden aus, dass kein Mensch immer glänzt, nur in seinem Element ist, und niemand stets positiv und fröhlich durchs Leben geht. Auf der Basis der Bewunderung, Hochachtung, Anerkennung und während wir jemand auf ein Podest heben, sprechen wir ihm das Authentisch-Sein zu. Und in unserem Versuch genauso wie dieser Mensch, ebenfalls authentisch zu sein, müssen wir am eigenen Leibe feststellen, dass unser Bild des Authentisch-Seins sich nicht leben und aufrecht erhalten lässt. Wir merken, wie der dänische Philosoph Kierkegaard sagen würde, dass das Vergleichen das Ende des Glücks und der Anfang der Unzufriedenheit ist. Das Erste, was wir bisher also festhalten können, ist, dass der Vergleich mit anderen und eine Nachahmung sich mit Authentizität nicht vereinen lässt.

Wenn nun jemand, der in seinem Element ist und dadurch andere in seinen Bann zieht, noch nicht als authentisch gelten kann, was macht einen Menschen dann authentisch?

Meine These ist, dass nur jemand, der sich selbst uneingeschränkt und bedingungslos liebt, also voll und ganz mit sich selbst im Reinen ist, wirklich authentisch ist. Das mag an dieser Stelle noch wie ein netter Postkartenspruch klingen, leicht angreifbar sein und ohne solides Fundament dastehen. Doch ich werde diese These in den folgenden Kapiteln in seine Teile herunterbrechen, darauf eingehen, was es heißt, sich selbst zu lieben, mit sich im Reinen zu sein und wieso genau das entscheidend für Authentizität ist.

Bedingungslose Selbstliebe kann schnell mit Egoismus oder Selbstverliebtheit unter eine Decke gesteckt werden, doch das wäre sehr weit verfehlt. In der Auslegung der These werde ich sehr detailliert auf den eigenen Charakter eingehen und eine Unterscheidung zwischen dem Teil von uns einführen, der uns leicht zu lieben fällt und den wir besonders an uns schätzen, sowie dem Teil, den wir am liebsten loswerden würden, den wir niemanden zeigen wollen und von dem wir uns wünschen, dass ihn am besten kein Mitmensch zu Gesicht kriegt. Wie wir sehen werden, kann nur die Dankbarkeit für beide Seiten zum Authentisch-Sein führen. Solange wir noch mit Aspekten von uns selbst hadern und sie gerne loswerden würden, können wir unser authentisches Selbst nicht erreichen.

Ich möchte das noch eben an einem Beispiel verdeutlichen, bevor ich dann vorerst einmal zum selbstbewussten Menschen übergehe. Wir alle kennen Situationen in sozialen Umgebungen, in denen wir uns etwas unwohl und womöglich sogar leicht verkrampft fühlen. Das kann beispielsweise auf Networking-Events, bei Familientreffen, in Bars oder Nacht-Clubs, in Vorstellungsrunden, oder anderen Begebenheiten der Fall sein. Während wir unser unwohles Gefühl in der eigenen Haut dabei selbst wahrnehmen, uns vielleicht die Frage stellen, wieso dieses Gefühl auftritt, passiert es nicht selten, dass wir eine weitere interessante Beobachtung machen. Eine andere Person scheint unseren Anti-Partikel zu spielen. Sie könnte sich nicht wohler in ihrer Haut fühlen, spricht offen mit anderen, tanzt unbeschwert und so als ob niemand zusähe und versprüht aufrichtige Natürlichkeit und Offenheit. Wir würden das wahrscheinlich kaum vor anderen sagen, aber insgeheim ziehen wir den Hut davor, dass diese Person es wagt ohne Bedenken und Angst vor der Meinung und dem Urteil anderer, einfach *sie selbst zu sein*. Natürlich ließe sich jetzt sagen, dass wir diese Person eben auch in ihrem Element erleben und somit ebenfalls nur einen authentischen Moment der Person zu sehen kriegen. Doch ich will mit diesem Beispiel auf einen anderen Punkt hinaus. Wenn ein Musiker, Künstler, oder Sportler in seinem Element ist, dann beobachten wir ihn dabei, wie er ein Geschick ausführt, das er durch hartes Training gemeistert hat. Er zeigt sich dadurch von seiner besten Seite. In der beschriebenen Situation kann auch genau das Gegenteil der Fall sein: eine Person geht auf die Tanzfläche, ohne ein besonders fähiger Tänzer zu sein, und ist sich dessen eventuell sogar noch bewusst, aber stört sich keineswegs an manchen belustigenden Blicken. Sie macht einfach ihr Ding. Sie hat keine Angst davor, in den Augen anderer wie ein Tollpatsch oder ein Amateur auszusehen. Und das wiederum macht sie attraktiv und lässt sie authentisch wirken.

Der springende Punkte hier ist, dass die Person eine ganz wichtige Erkenntnis für sich gewonnen hat. Sie weiß, dass sie gewisse Eigenschaften besitzt, die sie beliebt, ansprechend, attraktiv, positiv und als guten Menschen erscheinen lassen. Dies sind Eigenschaften, die in unserer Gesellschaft gern gesehen und sozial anerkannt sind. Gleichzeitig weiß sie aber auch, dass sie anderen etwas vorspielen und ihr Handeln aufgesetzt und unnatürlich wäre, wenn sie rund um die Uhr versuchen würde, ausschließlich diesen Teil ihres Charakters zu zeigen. Sie hat, wie wir alle, auch Eigenschaften, die nicht auf sofortige soziale Anerkennung stoßen, negativ konnotiert sind und nicht oben auf der Liste des Charakters des Wunsch-Schwiegersohns stehen. Gerne nennen wir dies auch die Schattenseite eines Menschen. Das Authentische an der beschriebenen Person besteht darin, dass sie sich dieser Schattenseite und der eigenen Schwächen und Unvollkommenheit bewusst ist. Doch während die meisten versuchen, das zu überspielen und es irgendwie zu kompensieren – was aufgesetzt und steif wirkt und das Unwohlsein in der eigenen Haut hervorruft, weil wir uns nicht trauen, so zu sein, wie wir sind – geht die andere Person darin auf und liebt sich für ihre Schatten- sowie ihre Schokoladenseite. Es ist dieser Mut, der in uns Entzücken hervorruft und die andere Person magnetisch und unwiderstehlich macht. Sie zieht ihr Umfeld in ihren Bann und obwohl wir es nicht genau erklären können, spüren wir, dass wir einem großen Charakter begegnet sind. Wir durften einen authentischen Menschen erleben.

In solchen Situationen müssen wir uns eingestehen, dass wir das Urteil anderer fürchten. Wir wollen keinen schlechten Eindruck hinterlassen, also verhalten wir uns möglichst unauffällig, um nicht aus der Reihe zu tanzen. Wie ein Chamäleon seine Farbe anpasst, passen wir unser Verhalten der entsprechenden Situation an. Wir merken dadurch, dass wir mit manchen Eigenschaften, Handlungen, Ansichten oder Teilen von uns noch nicht ganz im Reinen sind. Dass wir uns genau deswegen oft selbst im Weg stehen, wissen wir zumeist. Doch mit sich selbst im Einklang zu sein, ist eine Kunst, an der wir ein Leben lang zu arbeiten haben. Es ist eine Entwicklung, die nicht über Nacht geschieht.

Dem Gedanken der Schatten- und Schokoladenseite und was es genau damit auf sich hat, widme ich das dritte Kapitel. Ich werde dabei auch auf die Frage eingehen, ob es nicht in gewissen Situationen sinnvoll ist, ein gewisses Auftreten an den Tag zu legen, manche Seiten von sich hervorzuheben und andere zu Hause zu lassen. Immer authentisch zu sein, ist bestimmt nicht ratsam, oder?

Der selbstbewusste Mensch

Terminologisch ist Selbstbewusstsein leichter zu greifen, als das Authentisch-Sein. Das mag unter anderem auch daran liegen, dass der Begriff nicht für alles und nichts genutzt wird und somit noch eine stärkere Aussagekraft hat. Voraussetzungs- und facettenreich ist der Begriff allerdings trotzdem. Wenn wir die Behauptung aufstellen, dass eine bestimmte Person selbstbewusst ist, dann meinen wir damit, dass sie an sich und die eigenen Stärken glaubt, sich nicht leicht klein kriegen lässt, ein dickes Fell hat, von sich überzeugt ist, sich selbst vertraut, und in sich gefestigt ist.

Wie bereits angesprochen, heißt Selbstbewusstsein vorerst einmal nichts anderes, als sich über das eigene Selbst bewusst zu sein. Stellt sich nur noch die Frage, was wir genau darunter verstehen können und wie das mit unserem Alltagsverständnis von Selbstbewusstsein zusammenhängt.

Sich seines Selbst bewusst sein, bedeutet mehr als lediglich das Wissen, um die eigene Existenz. Sonst wäre es hinfällig davon zu sprechen, dass jemand selbstbewusst ist, da wir Menschen als rationale Wesen alle die Fähigkeit besitzen, über unsere eigene Existenz zu reflektieren und uns als bewusstes und denkendes Wesen wahrzunehmen. Es geht viel mehr um die berühmte und vielzitierte Inschrift des Tempels von Delphi *Gnothi seauton* – Erkenne dich Selbst. Sich selbst zu erkennen, bedeutet zu wissen, wer man ist, das heißt, welche Werte und Prinzipien man lebt und einem wichtig sind, welche Prioritäten den höchsten Stellenwert im Leben haben, worauf man emotional am stärksten reagiert, womit man sich identifizieren kann und womit nicht, welche Überzeugungen man vertritt und wieso man genau diese Überzeugungen hat, woran man glaubt und wonach man strebt. Je besser wir uns selbst kennen, umso selbstbewusster können wir auftreten und umso selbstbewusster werden wir wahrgenommen, da wir klare Standpunkte vertreten können, da wir wissen wofür wir stehen wollen und wofür nicht, und da wir dadurch in der Lage sind, unser Leben entsprechend selbstbestimmt zu führen. Sich selbst gut zu kennen, bildet das Fundament eines gesunden Selbstbewusstseins. Denn innere Stärke, und innerlich gefestigt zu sein, erfordert eine klare Vorstellung davon zu haben, wer man ist und auch wer man sein möchte. Letzteres ist deshalb wichtig, weil es uns verdeutlicht, womit wir uns identifizieren können, wie wir wahrgenommen werden möchten und welche Art Mensch wir sein wollen.

Die eigenen Werte und höchsten Prioritäten zu kennen, ist deshalb so eng mit Selbstbewusstsein verknüpft, weil sie einen erheblichen Einfluss auf unsere täglichen Handlungen und Entscheidungen haben. Wenn wir die Möglichkeit haben, unseren Alltag sehr stark nach unseren höchsten Prioritäten auszurichten und das tun können und dürfen, was uns am wichtigsten ist und am meisten erfüllt, dann gehen wir automatisch darin auf und unser Selbstbewusstsein nimmt zu. Der Grund dafür liegt auf der Hand. Wir dürfen dem, was uns ausmacht und womit wir uns identifizieren, Ausdruck verleihen und können unsere Werte leben. In diesem Zusammenhang möchte ich eine weitere grundlegende These für dieses Buch aufstellen: unser Selbstbewusstsein wächst und entwickelt sich zu dem Ausmaß, zu dem wir unser Leben entsprechend unserer höchsten Werte und Prioritäten ausrichten können. Das Selbstbewusstsein des Menschen kommt nämlich innerhalb der eigenen Werte und Prioritäten am meisten zur Geltung und wird somit auch von Außenstehenden am intensivsten wahrgenommen.

Ähnlich wie bei der Authentizität und dem beschriebenen authentischen Moment, gilt es auch beim Selbstbewusstsein diese Unterscheidung – also den selbstbewussten Moment – einzuführen. Von einem selbstbewussten Moment kann in zwei Szenarien die Rede sein. Im ersten Szenario handelt eine Person entsprechend des amerikanischen Credos *fake it, till you make it*. Sie mag dadurch vorübergehend selbstbewusst wirken, ist allerdings alles andere als authentisch. Die Problematik des Credos besteht darin, dass es kein Fundament hat. Sich solange zu verstellen, bis sich das Künstliche natürlich anfühlt, mag kurzzeitig von Erfolg gekrönt sein, lässt sich jedoch nicht aufrechterhalten, weil das, was uns als Mensch ausmacht und wer wir sind, dadurch unterdrückt wird. Und alles Unterdrückte will zurück an die Oberfläche.

Das zweite Szenario eines selbstbewussten Moments sieht da schon ganz anders aus. In diesem bricht der Teil von uns für einen Augenblick durch, den wir unterdrückt gehalten haben. Wir geben uns für einen kurzen Zeitraum die Erlaubnis, ohne Angst vor Urteilen unsere Prioritäten und Werte zu leben und für unsere Überzeugungen zu stehen.

Es gibt verschiedene Gründe, wieso wir hier nur von einem Moment sprechen, wir uns verstellen und das, was uns ausmacht und wer wir sind, von der Bildfläche verschwinden lassen und nach außen hin nicht zeigen wollen. Diese Gründe werde ich in den beiden folgenden Kapiteln genauer analysieren. Zum jetzigen Standpunkt reicht es aus, dass wir einige Ankerpunkte festmachen konnten, die Selbstbewusstsein ausmachen, und die Unterscheidung zum selbstbewussten Moment eingeführt haben, der nicht nachhaltig und häufig nur Schein ist.

Neben den eigenen Werten, Prioritäten und Überzeugungen, haben auch die eigenen Ziele einen engen Zusammenhang zum Selbstbewusstsein. Wenn wir uns selbstbestimmt herausfordernde Ziele setzen, die auf den eigenen Prioritäten basieren, dann steigert dies automatisch die Wahrscheinlichkeit, dass wir unsere Ziele auch erreichen werden. Sie hängen mit dem zusammen, was uns sehr wichtig ist, und dadurch kann langfristiges Handeln trotz Hürden und Widerstände sowie Hartnäckigkeit bei der Zielverfolgung gewährleistet werden. Wir wissen schließlich genau wofür und warum wir handeln. Der indische Gelehrte Patanjali würde dies wie folgt ausdrücken: *„Wenn du durch irgendeinen großen Zweck inspiriert bist, durchbrechen deine Gedanken alle Barrieren. Der Verstand transzendiert die Grenzen und dein Bewusstsein erweitert sich in alle Richtungen und du findest dich in einer neuen, großen und wunderbaren Welt wieder. Schlafende Kräfte, Fähigkeiten und Talente werden lebendig und du entdeckst dich selbst als größere Persönlichkeit als du je zu träumen gewagt hättest."*

Ziele, für die wir uns nicht begeistern können, weil sie nicht unsere eigenen sind, werden nur selten durch große Anstrengung und Mühe erreicht und sind kaum förderlich für das eigene Selbstbewusstsein. Ziele, die uns inspirieren und aus den Federn treiben, weil wir erkennen können, dass sie mit unseren Lebensvorstellungen verbunden sind, dienen als Katalysator für das eigene Selbstbewusstsein. Der Glaube an die eigenen Fähigkeiten wird gestärkt und das Bewusstsein des Selbst geschärft. Mit jedem erreichten selbstgesetzten Ziel, das uns herausgefordert – statt unter- oder überfordert – hat, wachsen wir als Mensch und entwickeln uns weiter. Es ist ähnlich wie bei einem Computerspiel, in dem wir uns durch diverse Level mit stetig steigendem Anspruch kämpfen müssen. Wir scheitern zwar gelegentlich, was auch wichtig ist, damit wir nicht abheben und uns selbst überschätzen, aber wir lernen und machen stetige Schritte nach vorne. Wie Ralph Waldo Emerson in seinem genialen Essay *Kompensation* geschrieben hat: *„Des Menschen Leben ist ein Fortschreiten, kein Stillestehen."* Unser Durchhaltevermögen nimmt zu und dadurch wächst auch die Raum-Zeit-Komponente des Zielsetzens. Das bedeutet, wir gewinnen Weitblick und wagen uns an Ziele heran, die zeitlich sowie räumlich größere Dimensionen mit sich bringen.

Mein Paradebeispiel hierfür, das keineswegs mit einem Werturteil verbunden sein soll, kommt aus meinem Geburtsland Südafrika. Als mein Opa noch lebte, kam er unsere Familie einmal mit meiner Oma zusammen besuchen. Bei einer Hotelübernachtung hat ihnen ein Mitarbeiter des Hotels angeboten, eine Wanderung mit ihnen zu unternehmen und ihnen etwas die Gegend zu zeigen. Er verbrachte fast einen gesamten Nachmittag ausschließlich mit meinen Großeltern. Am Ende der Führung waren sie einerseits begeistert, aber andererseits auch etwas verlegen. Sie kannten vergleichbares nicht aus Deutschland und wussten deshalb auch nicht so recht, wie sie sich dafür bedanken sollten. Letztendlich haben sie sich dann für ein Trinkgeld von 5DM entschieden, was ihnen sehr gering vorkam. Der Mitarbeiter nahm es mehr als dankend an. Zur großen Überraschung meiner Großeltern kam am nächsten Morgen der Hotel-Manager etwas aufgebracht auf sie zu und sagte eher entgeistert, dass er aufgrund ihrer Großzügigkeit seinen Mitarbeiter nun eine Woche nicht sehen wird.

Was war passiert? Der Raum-Zeit-Horizont des Mitarbeiters hinsichtlich seiner Ziele pendelte zwischen einem Tag und einer Woche. Sein Ziel war es stets, die Nahrung seiner Familie für den Tag zu sichern. Wenn dies gegeben war, hatte er sein Ziel für den Tag erreicht und war mit sich zufrieden. Morgen ist schließlich für ihn ein neuer Tag, an dem es gilt, das Ziel erneut zu erreichen. Durch das Trinkgeld war sein Wochenziel erreicht, weshalb er sich nun für die restliche Woche von der Arbeit fern hielt. Dieses Denken und Handeln habe ich selbst oft einige Male beobachtet, genauso wie die damit verbundene Frustration derer, die in anderen Raum-Zeit-Horizonten denken und planen. Der Hotel-Manager als Beispiel plant und setzt Ziele vermutlich für mindestens ein Jahr im Voraus. Er muss Löhne sicher stellen, auf den nötigen Cash-Flow im Verlauf des Jahres achten, für die Kundenzufriedenheit in den verschiedenen Jahreszeiten sorgen, und einiges mehr.

Den eigenen Raum-Zeit-Horizont von Zielen und Visionen auf andere zu projizieren und von diesen zu erwarten, dass sie ihr Denken von heute auf morgen auf dasselbe Level anheben, ist eine der schnellsten Wege für Mitarbeiterunzufriedenheit und Prokrastination im Handeln und Umsetzen.

Der eigene Raum-Zeit-Horizont sowie das eigene Selbstbewusstsein, wächst und entwickelt sich durch das Erreichen von zunehmend größeren Zielen. Wir alle fangen klein an, bevor wir uns dem Endgegner – um in dem Computervergleich zu bleiben – stellen können und uns dann womöglich einer neuen und noch größeren Herausforderung widmen.

Der Zusammenhang zwischen Selbstbewusstsein und Authentizität

Auf Grundlage der bisherigen Ausführungen lässt sich festhalten, dass Selbstbewusstsein und Authentizität mehr gemeinsame Anknüpfungspunkte haben, als auf den ersten Blick ersichtlich ist. Ich möchte hier sogar soweit gehen und für die These plädieren, dass die beiden sich gegenseitig voraussetzen und bedingen. Ich kann nicht authentisch sein, ohne selbstbewusst zu sein und genauso wenig kann ich selbstbewusst sein, ohne authentisch zu sein. Durch die vorhergehenden Seiten sollte diese These auf Anhieb einleuchten. Denn um mich selbst bedingungslos lieben zu können, wird ein ungeheures Maß an Selbsterkenntnis erfordert – der zentrale Baustein für ein gesundes, natürliches und nachhaltiges Selbstbewusstsein. Und im Umkehrschluss gilt dasselbe. Durch Kenntnis der eigenen Werte, Prioritäten, Ziele, Überzeugungen und Prinzipien, kann ich meinem Selbst entsprechend handeln, agiere somit selbstbestimmt und bin dadurch beides, selbstbewusst und authentisch.

Selbstbild und Fremdbild: Kann ich authentisch sein, wenn andere mir einen Mangel an Authentizität zuschreiben?

Wie wir uns selbst wahrnehmen und wie wir von unseren Mitmenschen und unserem Umfeld wahrgenommen werden, sind oft zwei verschiedene Paar Schuhe. Wir haben uns im Laufe unseres Lebens, durch unsere Erfahrungen, Gespräche, der Reaktionen anderer auf uns, und unsere Beobachtungen ein gewisses Bild von uns selbst gemacht. Zahlreiche Studien haben immer wieder gezeigt, dass im Großteil der Fälle unser Selbstbild positiver als die Realität ausfällt. Wir überschätzen unsere Leistungsfähigkeit, unser Können, unser Aussehen und unseren Einfluss. Dies kann durchaus hilfreich sein, da wir dadurch auch einen stärkeren Glauben in uns selbst haben und unser Selbstvertrauen – das nicht mit Selbstbewusstsein verwechselt werden darf – größer ist. Das kann dazu führen, dass wir langatmiger sind, uns Herausforderungen konsequenter stellen und Projekte durchziehen. Ein geringes Selbstwertgefühl, bedingt durch ein angeknackstes Selbstbild, würde dieser Langatmigkeit und Entschlossenheit entgegenwirken.

Wenn unser Selbstbild und unser Fremdbild allerdings eine große Diskrepanz aufweisen, dann kann dies weitreichende Konsequenzen haben. Vor allem innerhalb des eigenen Umfelds – Arbeitskollegen, Familienmitglieder und auch Freunde – kann dies zu Frustration und Enttäuschung führen. Gegebene Versprechen, übernommene Verantwortlichkeiten und Aufträge, sowie einige weitere Abmachungen können stellenweise gar nicht oder nur unzureichend geliefert werden. Ein übertriebenes Selbstbild hat also wie alle Dinge im Leben eine positive und eine negative Komponente. Je weiter das Selbstbild vom Fremdbild auseinander liegt, umso realitätsfremder wirken wir. Um Menschen dabei zu unterstützen, ein möglichst akkurates Selbst- und Fremdbild von sich zu gewinnen, wurden in fast allen großen Unternehmen 360° Feedbacks eingeführt. Marshall Goldsmith ist eine der führenden Experten in diesem Bereich und ich kann sein Buch *Was Sie hierher gebracht hat, wird Sie nicht weiterbringen* nur empfehlen. Er spricht darin unter anderem darüber, wie wichtig es ist, auf direktes sowie indirektes Feedback zu achten und daraus eine fast perfekte Kongruenz aus Selbst- und Fremdbild zu schaffen. Direktes Feedback bezieht sich dabei auf Kommentare, die im Bezug auf unsere Person gemacht werden. „Danke für deine Verlässlichkeit. / Ach, der ist doch fast immer zu spät. / Auf sein Wort kann man zählen. / Mit dem würde ich nicht arbeiten, der hintergeht seine Partner gerne." Und so weiter. Dass derartige Aussagen auch mit bestimmten Eigeninteressen, der jeweiligen Sprecher gefällt werden, und nicht immer ganz wahrheitsgetreu sind, ist klar. Doch eine genaue Beobachtung der Bemerkungen unserer Person gegenüber, hilft dabei, ein geschärftes Fremdbild von sich zu entwickeln.

Indirektes Feedback wahrzunehmen, erfordert etwas mehr Feingefühl für soziale Situationen, die Energie, die im Raum liegt, und subtile Hinweise durch die Körpersprache von Personen. Beispiele hierfür könnten sein, dass wir immer, wenn wir vor mehreren Menschen reden, von einer Person nicht angesehen werden; oder: wenn eine bestimmte Person einen Raum betritt, eine gewisse Spannung in der Luft liegt. Bei Team-Meetings lässt sich indirektes Feedback gut beobachten. Wer sitzt bei freier Platzwahl neben wem? Wer wird eher gemieden? Wie wird auf bestimmte Personen reagiert? Indirektes Feedback erhalten wir tagtäglich, wobei wir auch hier vorsichtig sein müssen, wie wir es deuten. Oft können Missverständnisse entstehen, weil wir eine belanglose Geste ganz anders interpretieren, als diese gemeint war.

Ein letzter wichtig zu beachtender Punkt beim Selbst- und Fremdbild ist der blinde Fleck innerhalb des Johari-Fensters[2]. Teil des angesprochenen 360° Feedbacks dient dazu, diesem blinden Fleck Beachtung zu schenken. Es gibt Dinge, die wir über uns selbst wissen, die andere ebenfalls von uns wissen. Es gibt jedoch auch Dinge, die wir von uns wissen, die anderen unbekannt sind. Gleichzeitig gibt es allerdings auch Sachen, die andere über uns wissen und in unseren Verhaltensmustern wahrnehmen, die uns selbst nicht bewusst sind. Dieser Bereich ist der blinde Fleck im Johari-Fenster. Die gezielte Nachfrage und die Bitte um Feedback hierüber zu erlangen, kann sehr hilfreich dabei sein, eine mögliche Diskrepanz von Selbst- und Fremdbild zu überbrücken. Es gibt einen sehr interessanten Punkt im Zusammenhang mit dem Selbst- und Fremdbild und der Authentizität. Als Menschen fällen

---

[2] Siehe: https://de.wikipedia.org/wiki/Johari-Fenster

wir täglich eine Vielzahl an Urteilen. Eine Art von Urteil bezieht sich dabei auf unsere Mitmenschen. Bewusst oder unbewusst, bewerten wir deren Aussehen, Kleidungsstil, Auftreten, Aussagen und einiges mehr. Und wir maßen uns sogar an, ein Urteil darüber zu fällen, ob jemand authentisch ist oder nicht. Schließlich schreiben wir den Begriff gerne anderen Menschen zu oder wir sprechen von einem Mangel bzw. einer Abwesenheit davon. Doch wie sieht es mit Situationen und Fällen aus, in denen wir uns selbst als authentisch wahrnehmen, während unsere Mitmenschen uns vorwerfen und die Meinung vertreten, wie wären in unserem Handeln, Verhalten und Sein nicht authentisch?

Mein Freund und Mentor Dr. John Demartini sagt gerne: *„Ich habe lieber die ganze Welt gegen mich, als meine eigene Seele."* Und Emerson schreibt in seinem Essay über Selbstvertrauen: *„Du selbst zu sein, in einer Welt, die ständig darauf bedacht ist, jemand anderen aus dir zu machen, ist die größte Fertigkeit."* Lao-Tse sagt: *„Wenn du mit dir selbst, so wie du bist, zufrieden bist, und dich nicht vergleichst und dich nicht zu beweisen versuchst, wirst du von jedem respektiert."* Und auf Postkarten finden wir gerne Sprüche wie: *„Es ist besser für das gehasst zu werden, was du bist, als dafür geliebt zu werden, was du nicht bist."*

Ob wir authentisch sind oder nicht, wissen nur wir im eigenen Herzen. Wir können möglicherweise der Welt etwas vormachen, aber den Mann im Spiegel täuschen wir nicht dauerhaft. Wir haben eine exklusive Wahrnehmung unseres Innenlebens und unserer Gedankenwelt. Klar übernehmen wir auch Prinzipien und Ansätze unserer Umwelt und Vorbilder. Und Nietzsche hat nicht ganz zu Unrecht angemerkt, dass wir uns fürchten, wenn wir allein und still sind, dass uns etwas in das Ohr geraunt werde, und so hassen wir die Stille und betäuben uns durch Geselligkeit. Er sagt auch, dass anstatt zu wünschen, dass andere uns so kennen, wie wir sind, wünschen wir, dass sie so gut als möglich von uns denken; wir begehren also, dass die anderen sich über uns täuschen: das heißt, wir sind nicht stolz auf unsere Einzigkeit.

Blaise Pascal hat die Aussage gefällt, dass das ganze Unglück der Menschen allein daher rührt, dass sie nicht ruhig in einem Zimmer zu bleiben vermögen.

Dass wir unsere innere Stimme hin und wieder zu meiden versuchen und sie auf unterschiedlichem Wege unterdrücken bzw. verstummen lassen, ist sicherlich zutreffend. Doch unsere wirklichen intrinsischen Prioritäten, Werte, Überzeugungen, Ziele und Einstellungen – die Dinge, die uns als Mensch ausmachen – kennen wir allein und müssen wir auch allein vor uns selbst vertreten und mit uns selbst ausmachen. Wir wissen, ob wir uns selbst bedingungslos lieben oder nicht; ob wir unsere Schattenseite und unsere Macken lieben; ob wir, wenn wir Hauptdarsteller der *Truman-Show* wären, manche Seiten von uns lieber unterdrücken und verbergen würden, weil wir der Welt diesen Teil von uns lieber nicht zeigen möchten. Ob das Gesicht, dass wir der Welt zeigen, unser echtes ist oder nicht, können andere nur vermuten, während wir Gewissheit darüber haben können. Den Mut authentisch zu sein, erlangen wir durch ein stark ausgeprägtes Selbstbewusstsein. Authentizität ist demnach etwas, das andere uns zwar sprachlich zuschreiben und worüber andere spekulieren und Vermutungen anstellen können. Es ist jedoch uns selbst vorbehalten, ein triftiges und finales Urteil über unser Authentisch-Sein zu fällen. In dieser uns selbst betreffenden Angelegenheit haben wir das letzte Wort, vorausgesetzt wir haben unsere Hausaufgaben in Selbst-Reflexion und Selbsterkenntnis gemacht.

Kapitel-Highlights

- Authentisch ist derjenige, der sich selbst bedingungslos liebt.
- *Erkenne dich selbst* – durch Klarheit der eigenen Werte, Prioritäten, Prinzipien, Ziele und Überzeugungen entsteht Selbstbewusstsein.
- Selbstbewusstsein und Authentizität bedingen sich gegenseitig.
- Durch direktes und indirektes Feedback sowie unseren blinden Fleck, erkennen wir den Grad der Abweichung zwischen Selbst- und Fremdbild.
- Ob wir wirklich authentisch sind oder nicht, können nur wir selbst wissen.

Kapitel 2: 7 Gründe, wieso wir uns selbst im Weg stehen

"Eigentlich bin ich ganz anders, nur komme ich so selten dazu."
Ödön von Horváth

Aussagen wie: „Er steht sich selbst auf dem Fuß", „sie steht sich selbst im eigenen Weg", „die können sich nur selbst schlagen", „ich bin mein eigener schlimmster Gegner" oder „es wird Zeit, über den eigenen Schatten zu springen", sind in unserer Alltagssprache tief verankert. Verwunderlich ist das nicht. Denn tatsächlich handeln wir oft anders, als wir es uns vorgenommen haben oder anders als wir wollen. Wir verstoßen gegen eigene Prinzipien und Vorsätze und können uns eigentlich gar nicht recht erklären, wieso wir das machen. Auch die eigenen Interessen werden hin und wieder von uns außer Acht gelassen und wir muten unserem Körper und unserem Geist Dinge zu, von denen wir wissen, dass sie uns und unseren Ambitionen schaden. Woran liegt das? Wieso machen wir Dinge, die wir nicht tun wollen und unterlassen Dinge, die wir uns vorgenommen haben? Dass wir Gewissensbisse verspüren, wenn unsere Worte und Taten nicht in Einklang miteinander stehen, ist uns bewusst. Und auch der Ansatz, den Aristoteles bereits vor über 2000 Jahren in seiner *Nikomachischen Ethik* vertreten hat, dass wir eine Tugend bzw. einen tugendhaften Charakter bilden, indem wir immer wieder der Tugend entsprechend agieren, ist den meisten von uns geläufig. Dennoch stehen wir uns im Leben des Öfteren selbst im Weg. Ob es sich dabei um Kleinigkeiten handelt, wie länger im Bett liegen zu bleiben, als wir es möchten, gegen einen Ernährungs- oder ein Fitnessvorsatz zu verstoßen, oder ob es gröbere Dinge sind, wie gegen die eigenen ethischen Ansichten und das eigene Gewissen zur Tat zu schreiten, ist dabei erst einmal zweitrangig. Fakt ist: es besteht eine Kluft zwischen dem, was wir als gut für uns erachten, und dem, wie wir Entscheidungen treffen und leben.

KAPITEL 2

In diesem Kapitel will ich 7 zentrale Faktoren herausarbeiten, die eine entscheidende Rolle dabei spielen, dass wir uns gelegentlich selbst im Weg stehen und uns schwer tun, über den eigenen Schatten zu springen. Doch zuvor will ich noch zwei grundlegende Gedanken für diese 7 Faktoren ausführen und auf moderne Forschungserkenntnisse eingehen. Die Psychologie Professorin der Stanford Universität Dr. Kelly McGonigal, die im Bereich der Willensstärke, der strategischen Planung und der gelungenen Zielsetzung forscht, und der Experte für Verhaltensänderung in Erwachsenen Marshall Goldsmith, sind durch ihre Erfahrungen und Beobachtungen hinsichtlich des beschriebenen Phänomens – der Widerspruch des eigenen Interesses und dem darauf aufbauenden Handeln – auf ähnliche Gedanken und Schlussfolgerungen gekommen; vereinfacht gesagt, sprechen die beiden von zwei unterschiedlichen Selbst in uns, die verschiedene Interessen vertreten.

Ich stelle vor: Das erste Selbst. Es ist stark Impuls getrieben und sucht wo es nur kann nach der unmittelbaren Genugtuung sowie der sofortigen Befriedigung. Es handelt nach der Maxime: da mir niemand garantieren kann, wie lange ich noch zu leben habe, sollte ich lieber jede Genusserfahrung mitnehmen, die mein kurzfristiges Wohlgefühl steigert. Verzicht ist ein Fremdwort für das erste Selbst. Es führt uns gerne in Versuchung und hat aus neurologischer Sicht eine ganz große Stärke. Es feuert schnellere Signale. Das bedeutet, wir haben manchmal *aus dem Bauch* heraus schon entschieden, bevor unsere Vernunft die Entscheidung absegnen konnte. Bill Clinton weiß gut wovon ich spreche, denn wie der ehemalige Harvard Psychologie Professor Daniel Goleman in seinem weltbekannten Werk über *Emotionale Intelligenz* sehr schön ausgeführt hat, sind unsere sexuellen Triebe häufig Teil des ersten Selbst. Männer wollen also eigentlich gar nicht immer nur das Eine – das erste Selbst will es. ;)

Ich stelle vor: das zweite Selbst. Das zweite Selbst hat unsere langfristigen Interessen und Ziele im Blick. Es will, dass wir auch mit unseren Enkelkindern noch um die Wette laufen können, dass wir uns in hohem Alter fit, gesund und voller Energie fühlen, dass wir finanziell abgesichert sind und sparen, statt heute den *Big Spender* zu spielen. Wenn das erste Selbst uns in Versuchung führt, dann ist das zweite Selbst die Stimme der Vernunft. Sie wägt Entscheidungen ab und bevorzugt Weitsicht und Vision. Die Maxime lautet: wenn ich meine Lebensvision erreichen möchte und ein gelungenes Leben führen will, dann handle ich heute so wie es nötig ist, um dort anzukommen, wo ich es geplant habe; auch wenn ich dabei auf kurze Hochs verzichten muss. Das gute Gefühl so zu handeln, wie ich es für richtig halte und es mir hilft, prinzipientreu zu sein, wiegt mehr als der kurz anhaltende Genuss einer sofortigen Befriedigung, der oft im Nachhinein Gewissensbisse und den Schmerz des Bedauerns mit sich bringt.

Neben Kelly McGonigal und Marshall Goldsmith haben eine Vielzahl anderer Autoren ähnliche Gedanken und bildliche Ansätze zu den zwei Selbst hervorgebracht. So sprechen Chip und Dan Heath in ihrem Buch *Switch* über den Reiter und den Elefanten, Küstenmacher spricht vom Limbi und Maja Storch spricht vom Würmli. Letztendlich gehen diese Gedanken jedoch alle zurück auf das Hauptwerk Platons. Im vierten Buch der *Politeia* führt dieser den Gedanken der Seelenteile ein. Er unterscheidet dabei zwischen drei Seelenteilen, wobei sich der erste auf die Lust bzw. Unlust (das erste Selbst) bezieht, ein weiterer häufig als Teil der Begierden dargestellt wird[3], und der Dritte für die Vernunft (und Wahrheitsaussagen) verantwortlich ist (das zweite Selbst). Für Platon ist nun das angesprochene Phänomen der Widersprüchlichkeit zwischen unseren Interessen und dem, was wir tun bzw. der Grund wieso wir uns selbst im Weg stehen, ein Interessenkonflikt der Seelenteile. Die Begierde oder die Lust will in manchen Situationen einfach

---

[3] Dieser Seelenteil lässt sich etwas schwerer greifen, weswegen Platon auch im neunten Buch der Politeia andeutet, dass es letztendlich keinen allgemeingültigen Namen dafür geben kann, weil er so viele unterschiedliche Phänomene beinhaltet (Streben nach Geld, Hunger, Durst, Sexualität, etc.)

etwas anderes als die Vernunft. Platons These ist, dass unser eigenes Leben nur dann gelingen kann, wenn die Vernunft – das höhere Seelenteil – die Kontrolle über die niederen Seelenteile hat. Denn wenn das mittlere Seelenteil, die Begierden, die Kontrolle hätte, wäre unser Leben primär darauf ausgerichtet, dass wir anerkannt und bewundert werden. Und wenn das niedrigste Seelenteil herrscht, dann führen wir ein Leben, das durch unsere Triebe gesteuert wird.

Wenn wir uns den Ausführungen Platons anschließen, würde dies bedeuten, dass wir die Ansicht vertreten, unser Leben hat dann einen höheren Wert und gelingt eher, wenn das zweite Selbst stärker ist und die Kontrolle über das erste Selbst besitzt.

Der Gedanke der Interessenskonflikte der zwei Selbst bzw. der Seelenteile lässt sich wunderbar durch zwei Beispiele verdeutlichen. Das eine kommt direkt von Platon, das andere ist unserem Alltag entnommen. Platons Beispiel ist gleichzeitig auch einer der Hintergründe zu seinen Überlegungen, wieso es unterschiedliche Seelenteile geben muss. Er schreibt, dass wenn wir uns in einer Situation befinden, in der wir krank sind und Durst haben, dann wollen wir etwas trinken. Gleichzeitig ist uns allerdings bewusst, dass etwas zu trinken, in unserer momentanen kränklichen Verfassung eher mehr Schaden anrichten würde, als dass es uns gut tut. Das heißt, wir wollen auch nichts trinken. Nun stellt sich die Frage, wie wir im selben Augenblick etwas trinken wollen, und nichts trinken wollen. Laut dem Nichtwiderspruchsprinzip, das besagt: wir können nicht zwei entgegengesetzte Aussagen über denselben Gegenstand fällen, da es sich sonst um zwei verschiedene Gegenstände handeln muss, liegt hier eine Ungereimtheit vor. Platon führt unter anderem wegen dieser Überlegung die Seelenteile ein und wir sprechen von zwei unterschiedlichen Selbst.

Diese drängen sich in unserem Alltag gerne mal gleichzeitig auf. Tagtäglich sind wir mit unzähligen Entscheidungen konfrontiert, bei denen beide Selbst auf ihr Mitspracherecht pochen. Dem ersten Selbst muss man dabei lassen, dass es eine unglaubliche Hartnäckigkeit besitzt und sich nie vollends klein kriegen lässt. Wenn das erste Selbst Verkäufer wäre, würde es im *Forbes Magazin* auf der Liste der reichsten Menschen stehen. Es ist nämlich ausgezeichnet darin, uns Dinge schmackhaft zu machen, die unsere Triebe ansprechen und unsere Vernunft aufheulen lassen.

Das leckere Eis, die reichhaltige Schoko-Torte, das lange im Bett bleiben, die wilde Party, das Faulenzen, und viele weitere Dinge, die in direktem Konflikt mit unseren langfristigen Interessen stehen mögen, versucht uns das erste Selbst immer wieder aufs Neue anzudrehen. Kein Wunder, dass Platon zu dem Schluss gekommen ist, dass unser Leben nicht wirklich gelingen kann, wenn wir uns von diesem Selbst führen lassen. Bleibt nur die Frage bestehen, wie sich das zweite Selbst gegen das starke erste Selbst durchsetzen kann.

Um diese Frage beantworten zu können, möchte ich auf die bereits zitierte Aussage von Patanjali zurückkommen. Dieser sprach davon, dass wenn wir durch einen großen Zweck inspiriert sind, sich unser Bewusstsein erweitert und wir uns als größere Persönlichkeit entdecken, als wir es je zu träumen gewagt hätten. Nietzsche hat dasselbe im Sinn gehabt, als er sagte, dass wir uns mit fast jedem *Wie* vertragen können, wenn unser *Warum* nur stark genug ist. Das trifft auch auf unsere zwei Selbst zu. Wenn wir keine klare Vorstellung davon haben, was wir im Leben wollen, dann schwächt das automatisch das zweite Selbst. Denn das zweite Selbst schöpft seine Kraft aus den eigenen Zielen, Träumen, Visionen und dem, was uns inspiriert. Ohne ein klares Warum im Leben, ist das zweite Selbst dem ersten Selbst chancenlos ausgeliefert und wird ihm stets unterlegen sein. Das Leben wird dadurch primär den eigenen Trieben nach ausgerichtet. Man könnte auch davon sprechen, dass unsere animalische Natur dadurch sehr stark zum Vorschein kommt.

Das Gegenteil ist der Fall, wenn wir wissen, was wir im Leben wollen; wenn uns klar ist, wohin die Reise gehen soll und wieso sie dort hingehen soll. Unsere Vernunft erlangt dadurch einen greifbaren Anhaltspunkt, an dem sie sich orientieren und wonach sie ihre Entscheidungen ausrichten kann. Für das zweite Selbst ist dieser Anhaltspunkt überlebensnotwendig. Wir können Triebe unseren langfristigen Interessen und Zielen nur dann unterordnen, wenn dieser Punkt gegeben ist. Nicht umsonst handeln wir dann am diszipliniertesten, wenn wir ein klares Ziel vor Augen haben. Andersherum ist es genauso. Suchtverhalten, Heißhunger und der Drang nach Stimulanzien sind dann am stärksten ausgeprägt, wenn wir ziellos durchs Leben treiben und keine Erfüllung innerhalb unserer höchsten Prioritäten verspüren. Der Herausgeber des *Success-Magazins* Darren Hardy meinte in einem Interview einmal, dass sich erfolgreiche Leute lediglich dadurch absetzen, dass sie genau wissen, was sie wollen, und dadurch gewisse Reize, Impulse und Triebe ignorieren können. In den *Gesetzen des Erfolgs* von Napoleon Hill schreibt dieser in der ersten Lektion, dass wir ohne ein klar definiertes Ziel im Leben keine Möglichkeit haben, auch nur annähernd die Dinge zu erreichen, die innerhalb unserer Fähigkeiten und unseres Glaubens liegen. Der Grund dafür liegt auf der Hand: ohne ein klares Ziel regiert das erste Selbst; regiert das niedrigste Seelenteil. Muhammed Ali, der vermeintlich beste Boxer, den die Welt je gesehen hat, schreibt in seiner Biographie, dass er viele Trainingseinheiten gehasst hat; dass er oft über seinen Schatten springen musste, aber dass er nie aus den Augen verloren hat, wofür er jeden Tag sein hartes Training absolvierte. Sein erstes Selbst hat ihm unzählige Male versucht einzureden, wie bequem es wäre, eine Pause zu machen, mit weniger Intensität zu trainieren, sich mal zu entspannen. Doch die Vision, die Ali besaß, hat sein zweites Selbst und dadurch auch ihn unbesiegbar gemacht. Auch der südafrikanische Nationalheld Nelson Mandela hat davon gesprochen, dass es ihm oft während seiner Zeit auf Robben Island morgens nicht nach Aufstehen zu Mute war; dass er lieber den ganzen Tag lang liegen geblieben wäre. Aber auch Mandela hatte ein unermüdliches zweites Selbst, das ihm die Kraft verliehen hat, ein Land zur Demokratie zu führen.

    Unser zweites Selbst, unser höchstes Seelenteil, dominiert und herrscht dann, wenn unser Warum dafür stark genug ist. Ein Leben gemäß der Vernunft führen wir dann, wenn wir einen klaren Sinn darin sehen. Wenn wir diesen Sinn von moralischen Instanzen oder Autoritätspersonen aus dem eigenen Umfeld auferlegt bekommen und ohne Reflexion übernehmen, dann kann nicht von Selbstbestimmung und auch nicht von der Kontrolle des obersten Seelenteils die Rede sein. Wenn wir jedoch aus eigener Überzeugung und Entschlossenheit heraus ein Leben gemäß der Vernunft wählen, dann sind wir auf dem besten Weg unser Leben gelingen zu lassen. *„Die meisten Menschen aber geben sich den sinnlichen Lüsten zur Verknechtung hin, weil sie das, was sie selbst beschlossen haben, nicht festhalten und durchführen können, bewältigt und geschwächt, wenn das Trugbild der Lust sich ihnen darbietet, ohne vorauszusehen, was daraus werden wird."* Cicero

Eine weitere Möglichkeit das zweite Selbst zu stärken, besteht darin, mit unserem zukünftigen Selbst zu kommunizieren. Unter dem zukünftigen Selbst verstehe ich nichts anderes, als der Mensch, der wir in fünf, zehn, zwanzig Jahren,..., und am Ende unseres Lebens sein werden. Wichtig dabei ist, dass wir nicht den Fehler machen, den viele Menschen begehen, wenn sie an ihr zukünftiges Selbst denken; sie sehen es als eine andere Person an. Sie glauben, dass es Dinge schaffen kann, die unser momentanes Selbst nicht auf die Reihe kriegt, sie idealisieren es und misshandeln es gleichzeitig durch die Entscheidungen, die sie schon heute treffen. Anschauliche Studien hierzu hat Nobelpreisträger Daniel Kahneman durchgeführt. Beispielsweise hat er gezeigt, dass wir lieber heute eine geringere Summe Geld erhalten, als eine größere Summe zu einem späteren Zeitpunkt. Auch Kelly McGonigal hat einige Tests hierzu durchgeführt. So hat sie unter anderem gezeigt, dass Studenten in ihrem momentanen Semester durchschnittlich nur 27 Minuten Zeit pro Woche für jüngere Studenten aufbringen würden, um ihnen beim Lernen zu helfen, während sie ihrem zukünftigen Selbst in den folgenden Semestern mindestens 85 Minuten in der Woche zumuten würden. Das zukünftige Selbst wird dabei selten zum vollen Ausmaß als unsere eigene Person gesehen. McGonigal schreibt, dass wir in Hirn-Scans sogar erkennen können, dass unterschiedliche Regionen im Gehirn genutzt werden, wenn über unser jetziges Selbst und wenn über unser zukünftiges Selbst nachgedacht wird. Das Kritische daran ist, dass je weniger wir uns mit unserem zukünftigen Selbst jetzt schon identifizieren können, umso mehr sind wir dazu geneigt, unser zukünftiges Selbst zu sabotieren, und der sofortigen Genugtuung und den Trieben des ersten Selbst nachzugeben.

Als kleine Randnotiz ist es hier ganz interessant darauf hinzuweisen, dass gute Verkäufer und Marketing-Experten diesen Fehler in unserem Denken gerne für sich und die eigenen Interessen ausnutzen. Denn sie wissen, dass wir großzügiger mit dem Geld, der Zeit und dem Einsatz unseres zukünftigen Selbst umgehen, als wir es mit den Ressourcen unseres jetzigen Selbst tun, und nutzen dies schamlos aus.

Je verbundener wir uns heute schon mit unserem zukünftigen Selbst fühlen, umso eher treffen wir Entscheidungen in dessen Interesse. Wir neigen mehr dazu, in es zu investieren, sparen mehr, ernähren uns gesünder und handeln mit mehr Weitblick. Eine Verbindung zum zukünftigen Selbst kann uns vor unseren schlimmsten Trieben und Impulsen schützen. Neuro-Wissenschaftler der Uni-Klinik Hamburg-Eppendorf haben herausgefunden, dass die Visualisierung der eigenen Zukunft Menschen dazu verleitet, sofortige Befriedigungen aufzuschieben. Unser Gehirn beginnt dadurch intensiver an die Konsequenzen unserer heutigen Handlungen für unser zukünftiges Selbst zu denken. Je besser wir uns die Zukunft vorstellen können, umso mehr tendieren wir dazu, Entscheidungen zu treffen, die unser zukünftiges Selbst nicht bereuen wird. Eine, nach meinem Erachten, geniale Idee zur Stärkung der Verbindung mit unserem zukünftigen Selbst, kommt von den Gründern von *FutureMe.org*. Diese haben eine Möglichkeit geschaffen, eine Nachricht an unser zukünftiges Selbst zu schreiben, die dem Verfasser dann zu einem erwünschten und selbst festgelegten Datum gesendet wird. In dieser Nachricht sind oft die Wünsche für unser zukünftiges Selbst enthalten. Es steht drin, wie wir es uns vorstellen und für welche Entscheidung, die wir heute treffen können, wir ihm dankbar wären. Darüber hinaus schafft dieser Reflexions-Prozess auch den Raum darüber nachzudenken, wie unser zukünftiges Selbst wohl über unsere heutigen Handlungen und Entscheidungen denken würde. Der Psychologe Hal Ersner-Hershfield meinte hierzu, dass alleine das Nachdenken darüber, was man in einem derartigen Brief schreiben könnte, die Verbindung zum zukünftigen Selbst stärkt. Nimm dir deshalb hier ruhig einen Augenblick Zeit und denke selbst darüber nach, welche Hoffnungen, Wünsche, Vorstellungen und Bitten du an dein zukünftiges Selbst haben könntest. Und auch, welche Hoffnungen, Wünsche, Vorstellungen und Bitten, dein zukünftiges Selbst heute an dich haben könnte.

Als eine der schönsten Übungen zu diesem Thema sehe ich die Folgende: Stelle dir vor, du bist über 95 Jahre alt und bereit zu sterben. Bevor du deinen letzten Atemzug nimmst, erhältst du ein großes Geschenk – die Möglichkeit in der Zeit zurückzureisen und mit der Person zu kommunizieren, die just in diesem Augenblick diese Zeilen liest; die Möglichkeit dieser Person heute dabei zu helfen, ein gutes, authentisches und erfülltes Leben zu führen. Dein 95-Jähriges Selbst versteht, was wirklich wichtig im Leben war und was nicht, was gezählt hat und was nur Schein war. Welchen Rat, welche Botschaft würde dein weises älteres Selbst für dein Selbst haben, das gerade diese Seite liest? Es lohnt sich, ein paar Gedanken hierzu niederzuschreiben und sich anschließend die Frage zu stellen, ob es sich nicht vielleicht ebenfalls lohnt, den Rat des 95-Jährigen Selbst zu befolgen.

Die 7 Gründe, wieso wir uns selbst im Weg stehen

Die Gründe, die ausschlaggebend dafür sind, dass wir uns immer mal wieder selbst im Weg stehen, lassen sich nicht an einer fixen

Zahl fest machen. Es gibt zu viele kleine versteckte Motive, die als Ursprung unseres Handelns gegen die eigenen Interessen gesehen werden können, wodurch es nicht möglich ist, jeden einzelnen potentiellen Grund dafür aufzulisten. Manchmal entwickeln wir zum Beispiel Schutzmechanismen, die wir uns durch schmerzhafte Erlebnisse aus der Vergangenheit angeeignet haben, um zukünftiges Leid vermeiden zu können. Wir opfern dafür zwar auch mal Dinge, die wir eigentlich gerne wollen, aber der Trieb Schmerz zu vermeiden, ist oftmals stärker, als die Motivation ein gutes Gefühl zu erlangen. Da jedoch die Hintergründe dieses Verhaltens so vielfältig wie die Zahl der Menschen auf Erden ist, werde ich mich auf sieben zentrale Faktoren begrenzen, die uns dazu verleiten können, gegen unsere wirklichen Interessen zu handeln, und uns selbst im Weg zu stehen. Der eben beschriebene hedonistische Trieb, Schmerzen vermeiden zu wollen, und möglichst viel Vergnügen zu verspüren – wobei Leid stärker wiegt als das Vergnügen – ist unheimlich stark ausgeprägt in unserem Denken, gehört allerdings nicht dem höchsten Seelenteil und somit nicht der Vernunft an. Hedonistisches Verhalten erlernen wir schon im frühesten Kindesalter und behalten wir uns ohne kritische Reflexion auch ein Leben lang bei. Wir buhlen um Aufmerksamkeit und Anerkennung unserer Eltern und den uns nahestehenden Menschen und versuchen es zu vermeiden, diese zu enttäuschen.

Auch die Erfahrungen, die wir in jungen Jahren mit bestimmten Dingen machen, haben erheblichen Einfluss darauf, wann wir uns selbst im Weg stehen können. So zeigen Studien beispielsweise immer wieder, dass Leute gelegentlich krank werden, weil sie dadurch die meiste Pflege und Hingabe ihres Umfelds bekommen und sich wichtig und geliebt fühlen. Sie assoziieren krank sein damit, dass sich jemand um sie kümmert und sorgt und gesund sein damit, dass sie für sich selbst zu sorgen haben, was anstrengend sein kann. Je nachdem womit wir Leid und Freude in Verbindung bringen, kann sich das auf unser Verhalten entsprechend auswirken und für Außenstehende völlig irrational erscheinen.

1. Konfliktscheues Verhalten

Der erste gängige Grund, mit dem sich viele identifizieren können und ein klar erkennbares Muster im Phänomen der Widersprüchlichkeit zwischen eigenem Interesse und Handlung darstellt, ist das konfliktscheue Verhalten. Die Angst vor dem Nein-Sagen oder davor jemanden vor den Kopf zu stoßen und das Bedürfnis nach Harmonie, sind zentrale Aspekte von diesem ersten Punkt. Wir haben Bedenken, zurückgewiesen zu werden und uns unbeliebt zu machen, wenn wir uns für die eigenen Ansichten und Standpunkte einsetzen. Deshalb bevorzugen wir oft das einfache und bequeme Ja, und hadern lieber mit uns selbst, als einen Disput auszulösen oder einen bösen Blick einzufangen. Der Knackpunkt dabei ist, dass wenn wir alle Konflikte mit unserer Außenwelt zu meiden suchen, dann bilden wir dadurch selbst die Grundlage für Konflikte in unserer Innenwelt. Damit will ich natürlich keineswegs sagen, dass wir aktiv nach Konflikten suchen sollten, doch der Versuch jedem Konflikt aus dem Weg zu gehen, hindert uns enorm in der eigenen Entwicklung, schwächt unser Selbstbewusstsein und verursacht Frust uns selbst gegenüber. Je mehr wir Konflikte zu meiden versuchen, umso mehr ziehen wir Konflikte an. Solange wir es nicht schaffen, uns für die eigenen Interessen stark zu machen und dem Konflikt standzuhalten und ihm ins Auge zu sehen, blockieren wir uns nur selbst. Wovor wir versuchen zu flüchten, wird uns immer wieder zurückhalten und in die Quere kommen, bis wir den Umgang damit gelernt haben. Menschen, die nach außen hin so tun, als würden sie über allen Konflikten stehen, tragen meistens die größten inneren Tumulte mit sich herum.

Die Fähigkeit auch einmal Nein sagen zu können, ist ein zentraler Baustein für ein selbstbewusstes und authentisches Leben. Denn wer immer nur zu allem Ja sagt, aus Angst vor den Konsequenzen eines Neins, sagt indirekt auch automatisch Nein zu den Dingen, zu denen er am liebsten Ja sagen würde. Auch hier, will ich unter keinen Umständen die Botschaft vermitteln, dass ab jetzt jeder nur noch Ja zu seinen eigenen höchsten Prioritäten, und Nein zum Rest sagen sollte. Viel mehr geht es mir darum, die eigenen Standpunkte und Interessen klar zu kennen, und dann selbstbestimmt eine Entscheidung – auch mit Blick auf das Gesamtwohl des Umfelds oder der Menschen – zu treffen, mit der sich gut leben lässt. Niemand kann jedem Konflikt entkommen. Wir müssen uns hin und wieder auch unangenehmen Dingen stellen, wenn wir uns nicht selbst im Weg stehen wollen. Denn wenn wir ständig unangenehme Gespräche, Personen, und Angelegenheiten zu meiden versuchen, dann tun wir nichts anderes als das – uns selbst in unserem Leben behindern.

2. Zweifel

Laut Emerson zerstört nichts so viele Träume der Menschen, wie der eigene Zweifel. Dieser ist dann besonders stark ausgeprägt, wenn die Grundlagen, die im ersten Kapitel als zentrale Bausteine eines authentischen und selbstbewussten Menschen herausgearbeitet wurden, nicht gegeben sind. Wenn wir nicht wirklich Klarheit darüber haben, welche Werte, Prioritäten, Überzeugungen und Ziele wir haben, dann nährt das den eigenen Zweifel. Klarheit ist der Erzfeind des Zweifels. Denn wo Klarheit herrscht, kann sich kein Zweifel durchsetzen. Ohne Klarheit hingegen kann der Zweifel enorm mächtig werden. Ein gesamtes Buch zu diesem Thema hat Napoleon Hill verfasst. Sein Werk *Outwitting the Devil* ist aufgrund der Brisanz des Themas jedoch erst 75-Jahre nach seinem Tod erschienen. In dem Buch führt er ein fiktives Gespräch mit *dem Teufel* und erläutert darin, wie dieser es schafft, Zweifel in die Gedanken so vieler Menschen einzupflanzen und gedeihen zu lassen. Der Teufel ist dabei nichts anderes als eine Personifizierung des ersten Selbst. Er kann nur dann seinen Einfluss auf uns ausüben, wenn wir schwach in unserem Denken sind, uns durchs Leben treiben lassen, unsere Gedanken nicht beobachten, und nichts haben, worauf wir mit Enthusiasmus hinarbeiten bzw. was wir mit Hingabe anstreben.

Der Zweifel liegt tief in unserem Denken verankert und hat dort auch seinen berechtigten Platz. Ohne jeglichen Zweifel würden wir uns vermutlich in einige Dummheiten stürzen. Doch sobald wir dem Zweifel erlauben, sich in unserem Denken einzunisten, unsere eigenen Fähigkeiten klein zu machen und uns dazu verleiten lassen, die Dinge, die uns am meisten am Herzen liegen, deshalb nicht aktiv zu verfolgen, kann aus Zweifel schnell innere Verzweiflung werden. Und dann beginnen wir zunehmend damit, uns selbst im Weg zu stehen. Unser Selbstbewusstsein leidet und das proaktive Streben nach einem erfüllten Leben nimmt ab.

3. Bequemlichkeit

Ohne Herausforderungen können wir uns selbst nicht weiterentwickeln. Wenn wir uns durch zu viel Herausforderung allerdings überfordert fühlen, brennen wir aus. Wenn wir uns zu oft unterfordert fühlen, sind wir schnell gelangweilt. Unser erstes Selbst scheut jedoch keine Langeweile. Es unterstützt unser Gehirn dabei, oft auf Energiesparmodus schalten zu können und mit dem Weg des geringsten Widerstands durchzukommen. Gerne wird dies auch als Minimax-Prinzip beschrieben, das vor allem Schüler praktizieren: Mit minimalem Einsatz das Maximum herausholen. Das mag zwar sinnvoll und effizient klingen, hat jedoch einen Haken. Ohne Anstrengung, Fleiß und das Verlassen der eigenen Komfortzone berauben wir uns selbst unserer Entfaltungspotentiale. Ein Leben ohne Herausforderungen würde schnell seinen Reiz verlieren. Das schöne Gedicht *When Nature Wants a Man* von Angela Morgan, das ich dir unbedingt zu lesen empfehlen würde, handelt genau hiervon. Es geht darum, dass wenn die Natur einen großen Charakter hervorbringen möchte, sie diesen immer wieder vor große Hürden, Herausforderungen und Aufgaben stellt – *„how she bends, but never breaks."* Sie fordert ohne zu überfordern, weil sie weiß, dass dadurch Räume für Entwicklung geschaffen werden.

Der Psychologe William James sagte einmal, dass die größte Erkenntnis seiner Generation darin bestehe, dass wir durch eine Veränderung unserer Wahrnehmung auch eine Veränderung unseres Lebens herbeiführen können. Hinsichtlich Herausforderungen bin ich ein Freund der Wahrnehmung, dass wir immer nur vor Herausforderungen gestellt werden, die wir auch lösen können. Daraus lässt sich folgern, dass wir nur dann vor besonders große Herausforderungen gestellt werden, wenn wir auch dafür bereit sind – was einem Kompliment gleicht. Mit großen Herausforderungen konfrontiert werden zu dürfen, muss man sich schließlich erst verdienen. Ähnlich ist es mit Verantwortung. Wer große Verantwortung tragen will, muss sich auch das hart erarbeiten. Der Umgang mit Rückschlägen, Scheitern und Krisen, die oft ein Resultat von ungelösten Lebensherausforderungen sind, hängt ebenso direkt mit unseren Wahrnehmungen zusammen. Wir können uns einreden, dass alles immer nur gegen uns läuft, wir einfach mehr Pech im Leben haben als andere und das Universum gegen uns ist. Oder wir unterscheiden zwischen einem temporären Nackenschlag, der sich in dem Moment nicht besonders gut anfühlt, und einem finalen Scheitern bzw. Aufgeben. Die Entscheidung dafür liegt bei uns. Aufgeben ist ein selbstbestimmter Entschluss. Der begnadigte Redner und äußerst populäre amerikanische Prediger Henry Ward Beecher hat die Ansicht vertreten, dass unsere größten Erfolge im Leben nach unseren bittersten Rückschlägen und Niederlagen entstehen. Wir müssen das Dunkle gesehen, dem Abgrund ins Auge geblickt haben, bevor wir das Licht des Gipfels wahrnehmen und erfahren können. Unzählige erfolgreiche Unternehmer würden dazu sagen: „das ist die Geschichte meines Lebens." Je tiefer wir mal gefallen sind, umso höher können wir wieder aufsteigen. Prioritäten werden laut Aristoteles durch Leeren und Mängel getrieben. Je größer eine Leere oder ein Mangel von uns wahrgenommen wurde, umso getriebener und motivierter sind wird, diesen Mangel auch zu füllen. Krisen und Tiefphasen des Lebens sind essentiell wichtig für uns als kompletter Mensch. Sie sind ein notwendiger Baustein unserer Entwicklung.

Die eigene Komfortzone zu verlassen und die Bequemlichkeit zu überwinden, die sie bietet, erfordert ein hohes Maß an Selbstbewusstsein. Doch wie Henry Ford schon gesagt hat, bleibt derjenige, der immer tut, was er schon kann, auch immer das, was er schon ist. Es sind die unbequemen Entscheidungen, Momente und Erfahrungen, die uns reifen lassen und uns den Mut schenken, nach höheren Sphären zu streben und uns selbst dabei nicht im Weg zu stehen. Das erste Selbst gilt es dabei, Tag für Tag aufs Neue in die Knie zu zwingen. Denn am wohlsten fühlt es sich, wenn alles komfortabel, einfach, schnell und vergnüglich ist.

4. Angst

Eng verbunden mit dem Zweifel ist die Angst. Unter Angst verstehe ich hier keine existentiellen Ängste, sondern Handlungsängste: Angst vor Zurückweisung, Angst zu Scheitern, Angst abgelehnt zu werden, Angst nicht gut genug zu sein, Angst zu wenig zu wissen, und generell die Angst davor inadäquat zu sein.

Die aristotelische Emotionstheorie, die wir in seiner *Rhetorik* finden, ist meiner Ansicht nach bis heute eine der gelungensten Theorien zu dem großen Themenbereich der Emotionen. Angst wird darin von Aristoteles als eine zukunftsausgerichtete Emotion gesehen. Eine Emotion, die entsteht, weil wir uns in der Erwartungshaltung befinden, dass ein zukünftiges Ereignis uns mehr Schaden als Nutzen, mehr Leid als Freude und mehr Nachteile als Vorteile bringen wird. Unsere Ängste können uns lähmen, wenn wir es ihnen erlauben. Sie rauben uns Zuversicht, Handlungsbereitschaft und den Mut in Richtung unserer größten Visionen voranzuschreiten. Ohne unsere Intervention, kann Angst zum stärksten der sieben Gründe, wieso wir uns selbst im Weg stehen, werden.

Viele Denker, die sich mit der Angst auseinandergesetzt haben, und bei denen es nicht ausschließlich um die existentielle Angst ging, haben die Ansicht vertreten, dass eine Angst in den meisten

Fällen auch ein Gesicht hat. Der Zusammenhang zwischen Angst und Unterordnung wurde durch diesen Gedanken naheliegend. Denn Angst vor Zurückweisung, als Beispiel, verspüren wir nur bei Menschen, die wir bewundern, von denen wir viel halten und die uns wichtig sind. Angst vor öffentlichem Reden haben wir, wenn wir uns unseren Zuhörern unterordnen, und diese als intelligenter, erfahrener, wohlhabender oder schöner betrachten. Angst uns zum Narren zu machen, tritt auf, wenn wir den Respektverlust einer bestimmten Person befürchten. Schamgefühle lassen sich hiermit gut vergleichen. Laut Aristoteles verspüren wir Scham nämlich dann, wenn wir die Person, vor der wir uns schämen, als uns übergeordnet wahrnehmen. Vor Menschen, deren Meinung uns nicht tangiert, haben wir auch kein Schamgefühl.

Die beschriebenen Ängste sind dem authentischen und selbstbewussten Menschen weitestgehend fremd. Die beiden folgenden Kapitel werden zu dieser leicht gewagten These weiteren Aufschluss bieten. Eines sei jedoch jetzt schon gesagt: Bedingungslose Selbstliebe schließt Unterordnung aus, wodurch viele Ängste in ihrem Keim bereits erstickt werden.

5. Willensschwäche

Aus dem Matthäus Evangelium sind wir mit dem vielzitierten Spruch vertraut, dass der Geist zwar willig, aber das Fleisch schwach ist. Gleichzeitig wissen wir aber auch: wo es einen Willen gibt, gibt es auch einen Weg. Ein schwacher Wille kann mehrere Ursprünge haben. Ganz unabhängig vom Ursprung ist es jedoch so, dass wir uns oft selbst über die eigene Willensschwäche ärgern und sie innere Konflikte und Spannungen in uns hervorruft.

Dass wir besonders willensstark sind, wenn wir Klarheit über unser persönliches Warum im Leben haben, unsere Ziele kennen und unseren intrinsischen Prioritäten entsprechend handeln dürfen, leuchtet deshalb schon ohne größere Ausführungen ein, weil wir in unserem Handeln Sinn erkennen können und dadurch eine stärkere Hingabe, Leidensbereitschaft, Widerstandsfähigkeit und Langatmigkeit besitzen. Ohne zu wissen, wofür wir handeln, sind wir dem Aufgeben schon beim Beginnen sehr Nahe. Antoine de Saint-Exupery hatte diesen Gedanken im Sinn, als er schrieb: *"Wenn Du ein Schiff bauen willst, dann trommle nicht Männer zusammen um Holz zu beschaffen, Aufgaben zu vergeben und die Arbeit einzuteilen, sondern lehre die Männer die Sehnsucht nach dem weiten, endlosen Meer."*

Ein eiserner Wille lässt sich auch antrainieren. Ein klares Warum zu haben, ist zwar essentiell wichtig, um Willensschwäche überwinden zu können, allein jedoch nicht ausreichend. Ein sehr starkes erstes Selbst kann durch seine Hartnäckigkeit Willenskraft bändigen. Das erste Selbst ist der größte Herausforderer des eigenen Willens, weil sein bester Freund der Weg des geringsten Widerstands ist. Da wir allerdings Hürden zu klettern haben, die geistige und physische Anstrengung mit sich bringen, um uns zu entfalten und wie ein Schmetterling aus dem Kokon zu kommen und fliegen zu können, versucht uns das erste Selbst zurückzuhalten und liefert uns Argumente, wieso das Leben als Raupe ebenfalls toll sein kann.

So wie wir einen tugendhaften Charakter durch wiederholtes tugendhaftes Handeln entwickeln, bilden wir auch Willenskraft und überwinden Willensschwäche, in dem wir immer wieder entsprechend unserer Vorsätze und unseres Willens nach agieren. Die mordernsten Forschungen zur Willensstärke, u.a. von der bereits zitierten Dr. McGonigal, zeigen einstimmig, dass sich Willenskraft wie ein Muskel trainieren lässt, aber auch wie ein Muskel ermüden kann. Wenn wir über einen langen Zeitraum einen starken Willen beweisen müssen, kann das dazu führen, dass wir bei den anstehenden Versuchungen nicht mehr die Kraft aufbringen, Nein zu sagen. So wurde beispielsweise gezeigt, dass Partner, die eine herausfordernde Diät machen, mehr zu einem Seitensprung geneigt sind, als Partner, die ihre Willenskraft nicht durch vergleichbares ausgeschöpft hatten. Gleichzeitig wurden auch Tests durchgeführt, die demonstriert haben, wie sich Willenskraft durch gezieltes Training verbessern lässt. Probanden, die täglich einen meist trivialen Vorsatz zu erfüllen hatten (die Tür mit der schwachen Hand öffnen, Ja statt Jo sagen, 15 Minuten nach dem Aufstehen nicht auf ihr SmartPhone zu blicken, etc.), ihre Willenskraft deutlich steigern und dies auf andere Bereiche übertragen konnten.

Laut McGonigals Forschungen sind wir morgens mit am meisten Willensstärke ausgestattet und verbrauchen diese gemäß unserer täglichen Herausforderungen. So empfiehlt es sich, die Dinge, die uns am meisten Überwindung kosten, die wir aber dennoch konsequent durchziehen wollen, früh morgens anzugehen.

6. Selbst-Erniedrigung & Erhöhung anderer

Der australische Neurowissenschaftler Derek Denton hat vor einem Jahrzehnt das ausgezeichnete Buch *The Primordial Emotions: The Dawning of Consciousness* veröffentlicht. In seinen Schilderungen darüber, wie sich Bewusstsein hat entwickeln können, spricht er auch über zwei der ursprünglichsten Emotionen, die schon bei Tieren vorzufinden waren. Diese beiden Emotionen lassen sich als das Aufschauen zu anderen, sowie das Hinabschauen auf andere zusammenfassen. Wir ordnen uns entweder einer Person (oder Sache) unter, oder wir ordnen uns ihr über. Wenn wir uns ihr unterordnen, machen wir uns klein und versuchen ihre Charakterzüge und ihr Handeln ganz oder stellenweise zu übernehmen. Wenn wir uns ihr überordnen, dann werden wir überheblich und versuchen, unsere Handlungsweisen auf sie zu übertragen. Beides hat mit Authentisch-Sein herzlich wenig zu tun, und ist in sich auch nicht nachhaltig, da wir immer nur temporär anders handeln können, als es unserem Selbst entspricht. Sich selbst zu etwas anderem machen zu wollen, als man ist, oder andere verändern und sie anders machen zu wollen, als sie es sind, ist beides zum Scheitern verurteilt.

Jedes Mal wenn wir uns selbst erhöhen oder erniedrigen, stehen wir uns im Weg, weil wir aufhören, der zu sein, der wir sind. Eine andere Person anzuhimmeln, was vermutlich jedem aus Zeiten des *Schwer-Verliebt-Seins* vertraut sein dürfte, führt schnell dazu, dass wir uns dabei ertappen, Dinge zu tun, die ganz untypisch für uns sind und mit den eigenen höchsten Prioritäten absolut nichts am Hut haben. Wir handeln dann für einen gewissen Zeitraum außerhalb unseres eigenen Prioritätensystems, tun Dinge nur, um Pluspunkte beim Gegenüber zu sammeln, und stellen dann irgendwann fest, dass die Zeit reif ist, das eigene Leben wieder aufzugreifen. Doch während der Zeit des Anhimmelns ist unser Kopf gefüllt von Fantasien der anderen Person. Dasselbe gilt auch für das andere Extrem. Bei tiefer Verachtung und dem Herabsehen auf jemand anders, sind wir gedanklich ebenfalls nicht präsent. Selbst-Erniedrigung, Größenwahn, andere erhöhen, sowie andere erniedrigen, sind alles Dinge, die uns davon abhalten, authentisch und selbstbewusst zu leben. Denn wir sehen weder andere noch uns, als das an, was sie bzw. wir wirklich sind und sein wollen.

In seinem Essay über Selbstvertrauen hat Emerson einen sehr schönen Gedanken zu diesem Punkt formuliert: *„Es gibt eine Zeit in der Erziehung jedes Menschen, wo er zu der Überzeugung gelangt, daß Neid Unwissenheit, Nachahmung Selbstmord ist."*

7. Ziel- und Sinnlosigkeit

Der letzte hier angesprochene Grund, der dazu führen kann, dass wir uns selbst im Weg stehen, besteht darin, dass wir glauben, keine Ziele zu haben und dadurch eine Leere und Sinnlosigkeit dem Leben gegenüber erleben. Für Viktor Frankl, Gründer der Logotherapie, Auschwitz-Überlebender und Autor von zahlreichen bewegenden Büchern wie ... *trotzdem Ja zum Leben sagen*, war ein Sinn im Leben zu sehen, das entscheidende Überlebenskriterium.

Seiner Beobachtung nach haben in Konzentrationslagern vorrangig Gefangene überlebt, die konkrete Ziele hatten und ihrer Situation trotz aller Widrigkeit einen Sinn und Bedeutung abgewinnen konnten.[4] Kant war ähnlicher Ansicht. Er glaubte, dass der Ziellose sein Schicksal erleidet, während es der Zielbewusste gestaltet. Und zur Frage nach dem Sinn meinte Einstein einmal, dass wir unser Leben auf zwei Arten betrachten könnten: Entweder so als wäre alles ein Wunder und sinnerfüllt, oder so als wäre alles sinnlos und es gäbe keine Wunder. Wir verleihen den Dingen ihren Sinn durch unser Denken und unsere Wahrnehmungen. Wenn wir dem Gedanken Glauben schenken, dass alles ohne Bedeutung ist, wirkt sich das auch unmittelbar auf unser Handeln aus. Keine Bedeutung im Leben zu sehen, lässt sich mit einer Hölle auf Erden gleichsetzen.

Ziellosigkeit muss nicht unbedingt heißen, dass wir keine Ziele im Leben haben und nichts anstreben würden. Oft entsteht Ziellosigkeit durch den Verlust an Mut und den Glauben daran, das erreichen zu können, was man sich am sehnlichsten wünscht. Rückschläge, Gegenwind und äußere Stimmen spielen dabei eine große Rolle. Wenn wir uns von Autoritätspersonen schon früh einreden lassen bzw. vorgelebt und eingehämmert kriegen, dass wir zu nichts Nützlichem taugen, dass unsere Ziele unsinnig sind und wir uns lieber *vernünftigeren* Dingen widmen sollten, kann das zu einem Gefühl von Ziellosigkeit führen. Unser Selbstbewusstsein leidet enorm darunter, weil wir der inneren Stimme kein Gewicht zusprechen und wir zunehmend daran zu zweifeln beginnen, was wir wollen und was wir zu leisten im Stande sind. Gesellschaftliche Erwartungen und das eigene Umfeld sind bei diesem siebten Punkt ein zentraler Faktor. Den Weg zu sich zurück zu finden, an die eigenen Fähigkeiten zu glauben, sich zu trauen, eigene Ziele zu entwickeln und

---

[4] Frankl spricht natürlich auch von anderen Faktoren, die für das Überleben entscheidend waren. So zum Beispiel das schiere Glück bei Auswahlverfahren für bestimmte Arbeiten und das Wohlwollen mancher Wärter.

in diese zu investieren, kann zu einer Mammutaufgabe werden, wenn uns immer wieder von Vorgesetzten und Bezugspersonen erklärt und weiß gemacht wird, wieso unsere Vorhaben scheitern werden. Sehr schön dargestellt wird dieser Gedanke von Will Smith in dem anregenden Film *Das Streben nach Glück*. Nachdem er erkennt, dass er zur Ursache der Ziellosigkeit von seinem Sohn zu werden droht, sagt er zu ihm: *„Lass Dir von niemanden je einreden, dass Du was nicht kannst. Auch nicht von mir. Ok? Wenn Du einen Traum hast, musst du ihn beschützen. Wenn andere was nicht können, wollen sie dir immer einreden, dass du es auch nicht kannst. Wenn Du was willst, dann mach es. Basta."*

Kapitel-Highlights

- Es besteht oft ein Interessenskonflikt zwischen sofortiger Befriedigung und unseren langfristigen Zielen.
- Die zwei Selbst bzw. die von Platon eingeführten Seelenteile sind Ursache dieses Konflikts.
- Das erste Selbst will alles am liebsten jetzt ohne große Mühen haben und lässt sich von Trieben leiten.
- Das zweite Selbst ist Vernunft geleitet und hat unsere langfristigen Ziele und Interessen im Blick.
- Ein gelungenes Leben ist vom höchsten Seelenteil, dem zweiten Selbst, geleitet.

Die 7 Gründe, wieso wir uns selbst im Weg stehen, lauten:

1. Konfliktscheues Verhalten
2. Zweifel
3. Bequemlichkeit
4. Angst
5. Willensschwäche
6. Selbst-Erniedrigung & Erhöhung anderer
7. Ziel- und Sinnlosigkeit

Kapitel 3: Verleugnete Charakterzüge – der Spiegel-Faktor

„Sie glauben, groß zu sein bedeute, eine Seite der Natur zu besitzen – die süße, ohne die andere Seite – die bittere. Das Vergnügen wird den angenehmen Dingen entnommen, der Nutzen den nützlichen Dingen, Macht den starken Dingen, sobald wir sie vom Ganzen zu trennen suchen. Wir können ebensowenig die Dinge halbieren und das sinnliche Gute für sich bekommen, wie wir ein Inneres ohne ein Äußeres, oder ein Licht ohne Schatten erlangen können. 'Treibe die Natur mit der Forke aus, sie kommt zurückgeeilt."
Ralph Waldo Emerson in Kompensation

Auf fast jeder Liste der größten Persönlichkeiten des 20. Jahrhunderts und auf jeder Liste der bedeutendsten Wissenschaftler aller Zeiten finden wir den Namen Albert Einstein. Wer sich intensiver mit dessen Lebenswerk beschäftigt, versteht schnell wieso das der Fall ist. Seine Weltsicht, seine Neugier, und seine Fähigkeit sich Gedankenexperimente auszudenken und diese durchzuführen, haben ihm ermöglicht, mit der allgemeinen Relativitätstheorie ein neues Paradigma innerhalb der Physik zu schaffen und die Art und Weise, wie wir unser Universum sehen, entscheidend zu prägen und zu verändern. Einstein war einer der ersten Wissenschaftler, der zu einer Kultfigur und weltweit als Genie und Vorbild gesehen wurde. Sein Wort hatte auch weit außerhalb der Physik enormes Gewicht. Es heißt, dass es mit dem Nobelpreisträger wie mit Goethe sei: wer ihn zitiert, liegt richtig.

Als er 1955 starb, hinterließ uns Einstein ein überwältigendes Archiv an persönlichen Notizen und Aufzeichnungen, Gedanken, Recherchematerialien und Briefen. Er war in seinem Testament äußerst präzise darauf bedacht, wem welche Unterlagen von ihm in die Hände fallen. Mit seiner langjährigen Sekretärin, Freundin, Biographin und auch Nachlassverwalterin Helen Dukas, hatte er eine enge Vertraute, der es ein großes Anliegen war, der Welt Einstein in gutem Bilde zu präsentieren. Sie sorgte u.a. für die Herausgabe der gesammelten Werke von Einstein. Mit ihrem Tod 1982 wurde Einsteins Archiv von Princeton an die Hebräische Universität in Jerusalem verfrachtet. Nach Rücksprache mit seinen Enkeln wurde der Zugang zu den Materialien ein paar wenigen anderen Menschen gestattet, die nun wie Dukas daran interessiert waren, Bücher über Einsteins Persönlichkeit und sein Leben zu verfassen. Anders als Dukas hingegen, lag es einigen dieser Biographen daran, ein echtes Bild von Einstein zu offenbaren und nicht dessen „dunkle Seiten", wie Calaprice sie bezeichnete, zu verbergen. Freeman Dyson, Einsteins Nachfolger in Princeton und ebenfalls ein Freund von Helen Dukas, war der Überzeugung, dass die Bemühungen Einstein in all seinen Facetten zu zeigen und der Versuch seinen Charakter nicht länger gekünstelt zu beschönigen, ihn als noch größere und greifbarere Persönlichkeit wirken ließe, weil dadurch seine Menschlichkeit zum Vorschein käme. Bevor der Zugang vor allem zu seinen persönlichen Notizen und Briefen ermöglicht wurde, hat man versucht, gewisse Seiten von Einstein Geheim zu halten. Die Angst, dass sein Ansehen darunter leiden würde, wenn manche Einblicke in sein Familienleben, manche Ängste, Ansichten und Überzeugungen ans Licht kämen, war unberechtigt. Dyson lag richtig in seiner Annahme, dass wir Menschen die Menschlichkeit Einsteins begrüßen würden, weil wir dadurch sehen könnten, dass auch der womöglich größte und genialste Wissenschaftler, ein Mensch mit Bedenken, Problemen, Herausforderungen und Ängsten war. Wie Emerson treffend anmerkte, bedeutet Groß sein eben nicht, nur eine Seite der Natur zu besitzen – die gute, schöne und süße, sondern auch die dunkle, negative und bittere.

Der Grund für diese etwas längere Einführung zu Einstein war es hervorzuheben, dass auch ein Mensch, der allseits bewundert und angehimmelt, als moralisches Aushängeschild, und als Menschenfreund dargestellt wird, eine dunkle Seite besitzt. Ich hätte auch Mutter Theresa, Gandhi oder Mandela als Beispiel nehmen können – ein einseitiger Mensch lässt sich nicht finden.

Nachdem ich im ersten Kapitel die These aufgestellt habe, dass Authentisch-Sein bedeutet, sich selbst bedingungslos zu lieben, und damit begonnen habe, sie etwas auszuführen, will ich in diesem Kapitel mit der Diskussion der These fortfahren. Die zentralen Fragestellungen dabei werden lauten, was es bedeutet sich selbst bedingungslos zu lieben, was wir unter der dunklen oder Schattenseite eines Charakters verstehen können, wann es uns schwer fällt, uns selbst zu lieben, und ob es tatsächlich sinnvoll ist, durchwegs authentisch zu sein. Der bereits erwähnte Gedanke der Schatten- und Schokoladenseite soll in diesem Kapitel also vertieft werden. Die Frage, die in diesem Zusammenhang nicht unbedingt erwartet wird, worauf wir emotional reagieren, was uns besonders irritiert und auf die Palme bringt, werde ich dabei ebenfalls abdecken.

Beginnen werde ich meine Ausführungen mit der Erziehung und unseren Erlebnissen und Wahrnehmungen aus dem Kindesalter. In jungen Jahren erlangen wir bereits die Erkenntnis, dass wir durch unser eigenes Verhalten, das Verhalten anderer uns gegenüber beeinflussen können. Jeder hat seine Kindheit anders erlebt, wurde unterschiedlich mit unterschiedlichen Mitteln erzogen und hat einmalige Erfahrungen in einem einmaligen Umfeld gemacht. Demnach werde ich auch versuchen, meine Gedankengänge anfangs eher allgemein zu halten.

Wenn wir als Kleinkind im Beisein von Menschen geschrien haben, wurde darauf reagiert – keine Reaktion ist auch eine Reaktion. Wenn wir gelächelt und uns gefreut haben, wurde darauf reagiert. Wenn wir angefangen haben, auf Dinge zu deuten, wurde darauf reagiert. Als wir mit dem Reden begonnen haben, wurde auch darauf reagiert. Und während wir herangewachsen sind, haben wir, wie schon gesagt, die Beobachtung machen dürfen, dass wir die Ursache mancher Wirkungen sein können. Je nachdem wie diese Wirkungen ausgefallen sind, haben wir unser Verhalten versucht anzupassen, zu modifizieren oder es wie gehabt zu belassen. Und somit haben wir begonnen, uns erste Werturteile zu bilden.

Wenn ich X tue, passiert meistens Y bzw. reagiert mein Umfeld entsprechend Y. Je nachdem welche Werte, welche Ansichten und moralische Überzeugungen uns unsere Eltern oder Vorgesetzten mit auf den Weg geben wollten, sind diese Urteile unterschiedlich ausgefallen. Und langsam, aber sicher, haben wir eine Vorstellung davon entwickelt, was als gut und was als schlecht angesehen wird; was wir lieber unterlassen sollten und wofür wir Lob erhalten. Durch diese Weltsicht haben wir dann begonnen, unsere Erfahrungen und unsere Mitmenschen zu filtern und zu sehen. Wenn wir zu Hause gelernt haben, dass es böse und falsch ist, XY zu tun, und wir einen unserer Spielkameraden dabei ertappt haben, wie er dieses Verhalten – das wir als böse betrachten – an den Tag legt, dann wirkt sich das natürlich entsprechend auf das Bild aus, das wir von diesem Menschen haben. Wir beginnen dadurch, zu urteilen und nach einem Muster zu leben, das versucht eine Seite – die Schokoladenseite – in den Vordergrund zu spielen, während die andere – die Schattenseite – möglichst überspielt wird. Oft hören wir Aussagen, die darauf abzielen, einen einseitigen Menschen aus uns zu machen: „seid höflich, freundlich, nett, zuvorkommend, nicht nachtragend, geduldig, usw. Und seid nicht gemein, stur, egoistisch, geizig, unfreundlich, usw." Ich kann mich sogar noch an eine Übung aus dem Religionsunterricht in der Grundschule erinnern, in der wir eine Liste von Adjektiven vorgelegt kriegten, und markieren sollten, welche Eigenschaften davon einen guten Freund auszeichnen und welche lieber nicht Teil unseres Freundes sein sollten. Dementsprechend haben wir dann auch über unsere Freunde geurteilt. Wenn sie Charakterzüge gezeigt haben, die auf unserer Liste als negativ eingestuft und vom Lehrer so abgesegnet wurden, dann wurde schnell mal die Freundschaft hinterfragt. Wer wollte denn schließlich Freunde haben, die negative und böse Eigenschaften an sich haben? Peu à peu entstand also eine klare Vorstellung darüber, was wir als Schokoladen- und was wir als Schattenseite betrachteten. Urteile wurden nicht nur nach außen hin gefällt, sondern auch über uns selbst. Wenn wir nämlich selbst feststellen mussten, dass wir hin und wieder Dinge getan haben,

KAPITEL 3

die in die Kategorie Schattenseite einzuordnen waren, wurde der Blick in den Spiegel auf einmal schwerer, das Gewissen hat gelitten und wir haben uns gefragt, ob alles in Ordnung mit uns ist. Das Streben nach Einseitigkeit hat begonnen. Das Streben danach so zu sein, dass wir anderen gefallen. Und mit diesem Streben hat auch ein Bruch des Selbst begonnen. Ein Konflikt entstand mit der zentralen Fragestellung: bin ich lieber so wie ich bin, und riskiere dadurch anderen zu missfallen, oder verhalte ich mich wie ein Chamäleon, passe mein Handeln den Situationen und den Menschen entsprechend an, und nehme in Kauf, mich zu verstellen und vor mir selbst rechtfertigen zu müssen, weder authentisch noch selbstbewusst zu sein?[5]

Schatten- vs. Schokoladenseite

In *Hamlet* schreibt Shakespeare, dass es weder Gutes noch Schlechtes an sich gibt, das Denken macht es erst dazu. Ähnlich ist es mit unserer dunklen Seite, die gern als Schatten dargestellt wird, sowie der lichten und schönen Seite, die wir gern als unsere beste Seite oder die Schokoladenseite bezeichnen. Objektive Maßstäbe darüber, welche Eigenschaft in welche der beiden Kategorien eingestuft werden sollte, gibt es nicht. Laut Emerson hat jedes Süße sein Bitteres, jedes Bittere sein Süßes, jedes Böse sein Gutes. Und Unkraut sind für ihn Pflanzen, deren Vorzüge noch nicht erkannt worden sind. Hesse äußerst einen ähnlichen Gedanken in seinem Werk Siddhartha. Er schreibt: *„Die Welt selbst aber, das Seiende um uns her und in uns innen, ist nie einseitig. Nie ist ein Mensch oder eine Tat, ganz Sansara oder ganz Nirwana, nie ist ein Mensch ganz heilig oder ganz sündig."* Wir müssen nicht

---

[5] Die lesenswerte Geschichte von Emil Sinclair im Demian von Hermann Hesse handelt genau hiervon. Emil sieht sich seit früher Jugend an hin- und hergerissen zwischen der guten, lichten und schönen Welt, die er in seinem Elternhaus vorfindet, die aber auch alles böse, dunkle, und schlimme zu unterdrücken versucht und der Kehrseite davon, in die er sich immer wieder hineingezogen fühlt. Ein Leben lang bzw. über die gesamte Länge des Buches versucht Emil mit dieser Dichotomie klarzukommen und zu lernen, sie einzuordnen. Sein Weggefährte Demian unterstützt ihn dabei.

eine Seite von uns loswerden, um uns selbst lieben zu können. Und selbst wenn wir es müssten, so könnten wir es gar nicht.

Um den Gedanken der beiden Seiten hinsichtlich des menschlichen Charakters plastischer darstellen zu können, stelle ich mir den Mensch gerne als Kreis vor. Ein runder Kreis stellt dabei den authentischen und selbstbewussten Menschen dar. Unser Streben danach ein Halbkreis zu sein, entfernt uns davon. Von vielen unserer Vorbilder bekommen wir oft nur den halben Kreis zu sehen, betrachten sie jedoch trotzdem als authentisch, und eifern ihnen nach. Dadurch entsteht eine innere Dysbalance und ein anhaltendes Gefühl der Unvollkommenheit. Wie der Buddha schon sagte, ist der Ursprung von allem Leid, das Streben nach dem Unerreichbaren, und dem Versuch das Unvermeidbare zu vermeiden. Ein halber Kreis zu sein, ist das Unerreichbare. Das Unvermeidbare ist, dass wir stets mit beiden Seiten konfrontiert werden. Ein runder Kreis zu sein, ermöglicht uns Wachstum und Weiterentwicklung. Ein Halbkreis sein zu wollen, hält uns zurück und macht uns klein.

Zur genauen Erläuterung der beiden Seiten muss ich noch etwas weiter ausholen. Ich hatte bereits geschildert, wie sich unser Weltbild hinsichtlich guter und schlechter Charaktereigenschaften in jungen Jahren entwickelt. Alles was wir als schlecht beurteilen würden, versuchen wir, wie eine Krankheit von unserem Körper fern zu halten. Das, was wir als gut betrachten, sehen wir gerne als Teil von uns. Wir sind darum bemüht, diese Seite von uns unserem Umfeld gegenüber preiszugeben und genießen eine gewisse Selbstgefälligkeit, wenn uns das gelingt. Auf die gute Seite sind wir stolz, für die dunkle Seite schämen wir uns. Je mehr wir die eine Seite unterdrücken und die andere Seite hervorheben, umso weniger authentisch sind wir, umso mehr machen wir uns selbst nieder.

Eigenschaften, die wir der dunklen Seite zuordnen würden, erkennen wir leichter und schneller in anderen. Wir projizieren sie lieber auf unser Umfeld, statt sie in uns selbst zu suchen. Der Splitter im Auge des anderen, wirkt immer größer und sichtbarer als der eigene Balken. Die Teile der dunklen Seite, die wir nicht in uns sehen wollen, nenne ich *Verleugnete Charakterzüge*. Im nächsten Unterpunkt werde ich diese noch vertiefen.

Mit der guten Seite ist das Gegenteil der Fall. Wir identifizieren uns nur all zu gerne mit ihr. Ihre Eigenschaften sind akzeptierter Teil unseres Kreises und wir glauben irrtümlicherweise, dass sie unsere Stärke, unsere Größe und unsere Persönlichkeit ausmachen.

Etwas Erkenntnistheorie

Einige große Denker haben auf die ein oder andere Weise darüber geschrieben oder davon gesprochen, dass wir die Dinge, die wir in anderen sehen, auch in uns selbst tragen. Aristoteles hat dies reflexive Erkenntnis genannt. Darüber hinaus haben sie davon gesprochen, dass wir uns unsere verleugneten Teile wieder aneignen und zu einem Teil von uns machen müssen, wenn wir unser authentisches Selbst verwirklichen wollen. Der Begriff der Selbstverwirklichung, der gerne als eins der höchsten Ziele im Leben ausgerufen wird, bedeutet demnach die kontinuierliche Annäherung unseres authentischen Selbst, das alle Charakterzüge und somit auch beide Seiten in sich vereint. Hesses grandioses Werk *Siddhartha* habe ich bereits zitiert. In dem gesamten Buch geht es um die Reise von Siddhartha zurück zu seinem Selbst. Er fällt dabei die folgende Aussage: *„ich bedurfte der Wollust, des Strebens nach Gütern, der Eitelkeit und bedurfte der schmählichsten Verzweiflung, um das Widerstreben aufgeben zu lernen, um die Welt lieben zu lernen, um sie nicht mehr mit irgendeiner von mir gewünschten, von mir eingebildeten Welt zu vergleichen, einer von mir ausgedachten Art der Vollkommenheit, sondern sie zu lassen, wie sie ist, und sie zu lieben, und ihr gerne anzugehören."*

In der weitestgehend verlorenen apokryphischen Schrift das *Evangelium der Eva* finden wir ebenfalls einen Gedanken, der auf dasselbe hinauswill. Dieser Gedanke ist in dem einzigen uns bekannten Zitat der Schrift, das uns durch Epiphanius von Salamis bekannt ist, enthalten und lautet wie folgt: *„Ich stand auf einem* *hohen Berge und sah einen hohen Menschen und einen anderen kurz geratenen und hörte eine Art Donnerton und ging näher um zu hören. Da sprach er zu mir und sagte: ‚Ich bin du und du bist ich, und wo du auch bist, da bin ich und bin in allem gesät; und woher du auch willst, sammelst du mich, wenn du mich aber sammelst, sammelst du dich selbst."* Was hier als sammeln bezeichnet wird, nenne ich aneignen.

Der Gedanke der Aneignung oder des Sammelns kann von seiner Verbreitung her mit der Goldenen Regel der praktischen Ethik verglichen werden. Diese besagt: *„Behandle andere so, wie du von ihnen behandelt werden willst."* Sie lässt sich in fast allen religiösen Schriften in sehr ähnlicher oder leicht abgewandelter Form wiederfinden. Der christliche Gedanke der Nächstenliebe ist darin enthalten, doch der Grundsatz wurde uns bereits durch Texte aus China, Indien, der Altägypter und Griechen überliefert. In den heiligen Schriften des Judentums, des Islams, des Hinduismus und weiterer Weltreligionen lässt sich dieser Gedanke stets fassen. Darin besteht auch der Vergleich zum Gedanken der Aneignung. Wenn wir danach suchen, finden wir ihn ebenfalls in den Religionen, bei den großen abendländischen Philosophen, den großen Philosophen aus dem Orient, in der Mystik und in anderen Disziplinen. Schopenhauer hatte ihn im Sinn als er davon sprach, dass wir dann zu unserem *Wahren Selbst* werden, wenn wir uns alle Teile der Natur und unserer Mitmenschen zu eigen gemacht haben. Religionsphilosoph Martin Buber hat in seinem Werk *Ich und Du* diesen Gedanken bis ins letzte Detail heruntergebrochen. Und Emerson schrieb: *„Es ist die Natur der Seele, sich alle Dinge anzueignen und sich zu eigen zu machen."*

Im Hauptwerk des großen mittelalterlichen Philosophen Thomas von Aquin, der *Summa Theologiae*, liegt ein ganz fundamentaler Gedanke über die verleugneten Teile verborgen. In seinen Gedanken zur Erkenntnistheorie hat er die Aussage getroffen, dass das Abbild des Erkannten immer schon im Erkennenden liegen muss, um erkannt werden zu können. Was hier etwas komplex klingen mag, besagt nichts anderes, als dass wir die Dinge, die wir in anderen wahrnehmen, auch in uns tragen müssen, sonst wäre keine Erkenntnis möglich. Sprich, wir können keinen Charakterzug in einer anderen Person sehen, den wir nicht selbst in uns tragen.

Das mag auf den ersten Blick eventuell leicht befremdlich klingen. Der Gedanke, dass wir Aspekte, die wir als dunkle Seite einer anderen Person betrachten würden, auch in uns tragen, richtet sich oft direkt gegen den eigenen Stolz. Wir rechnen es uns gerne selbst hoch an, nicht so wie jemand anders zu sein, den wir nicht besonders gut ausstehen können. Der Spiegel-Faktor mag da wie ein Schlag vor den Kopf wirken. Doch in der Erkenntnis, dass wir verleugnete Charakterzüge besitzen, die uns davon abhalten, eine innere Einheit zu bilden und unseren Kreis rund werden zu lassen, liegt eine riesen Chance.

Worauf reagieren wir am stärksten?

Ich hatte bereits angedeutet, dass wir uns besonders gut mit den Charakterzügen von uns selbst identifizieren können, die wir als gut, lobens- und erstrebenswert beurteilen. Diese Eigenschaften in einem Gegenüber wahrzunehmen, lässt diesen augenblicklich sympathisch auf uns wirken. Wir tun uns leicht, seine Ansichten und sein Handeln zu akzeptieren und uns gefällt der Aspekt seines Charakters, den wir in dem Augenblick gespiegelt bekommen. Das Gegenteil ist bei der Seite seines Charakters der Fall, die wir als dunkel und als Schatten bezeichnen würden. Diese Seite stellt gleichzeitig unsere eigenen verleugneten Charakterzüge und Handlungsweisen dar. Wenn wir diese Seite des Charakters eines Menschen gespiegelt kriegen, urteilen wir negativ darüber. Sie fordert uns heraus, irritiert und stört uns, und wir reagieren emotional am stärksten darauf. Alles, was eine Reaktion in uns hervorruft, haben wir noch nicht zu einem Teil unseres Kreises gemacht. Was es bedeutet, sich einen Charakterzug anzueignen und diesen in den eigenen Kreis zu integrieren, in das eigene Selbst aufzunehmen, werde ich gleich noch näher beschreiben. (Im fünften Kapitel meines Buches *Fü(h)r Dich Selbst* habe ich diesen Gedanken bereits ausführlich erläutert.)

Ein abwertendes Werturteil über eine andere Person ist stets ein Zeichen für einen eigenen verleugneten Charakterzug. Je mehr wir urteilen, umso mehr verleugnete Teile besitzen wir, umso reaktiver, angespannter und unausgeglichener sind wir, umso weniger erfüllt fühlen wir uns. Das Ausmaß der verleugneten Charakterzüge, die wir noch zu sammeln haben, bevor wir unser authentisches Selbst erreichen können, ist ein hervorragendes Indiz dafür, wie sehr wir mit uns selbst im Reinen sind und ein inneres Gleichgewicht besitzen. Unsere Angriffsfläche, unsere wunden Punkte, und die Spannbreite der Dinge, die uns explodieren lassen und uns immer wieder auf die Palme bringen, steht in direkter Proportion zu unserem Kreis. Wenn dieser sehr stark schwarz-weiß ausgerichtet ist, und einen Halbkreis darstellt, dann sind wir enorm reizbar. Wenn unser Kreis jedoch schon ziemlich rund ist und wir es geschafft haben, uns den Großteil aller Charakterzüge anzueignen, dann sind wir nur schwer aus der inneren Mitte zu hebeln. Alltagssprachlich würde man dann dazu sagen, dass wir als Mensch sehr gefestigt sind und in uns ruhen. Dass dies eine ganz wesentliche Rolle dabei spielt, wie wir im Leben stehen, welchen Einfluss wir haben und welche Positionen wir beziehen dürfen, wird durch ganz viele Beispiele in den verschiedensten Bereichen deutlich. Jack Welche hat zum Beispiel seinen Nachfolger als CEO von General Electric u.a. nach dem Kriterium ausgewählt, ob diese Person auch im Reinen mit sich selbst ist. Dadurch, dass uns die Erkenntnis der eigenen verleugneten Teile und die darauffolgende Aneignung ermöglicht, als Mensch zu wachsen, und zurück zur inneren Einheit und dem authentischen Selbst zu finden, haben wir die Möglichkeit, zu wählen, wie wir dem Menschen, der uns einen verleugneten Teil von uns selbst wiederspiegelt, entgegentreten möchten. Im ersten Augenblick wollen wir natürlich dem Impuls folgen, diesen Menschen zu ignorieren, ihn zu meiden, ihn womöglich sogar zu attackieren.

Doch nach einem Moment der Reflexion und mit etwas Übung, können wir diesen Impulstrieb in Dankbarkeit transformieren. Dankbarkeit dafür, dass dieser Mensch uns dabei assistiert, dass wir als Mensch wachsen, vorankommen und zu dem werden dürfen, der wir sind. Unsere größten Antagonisten im Leben sind oft auch unsere größten Lehrer, die für unsere Entwicklung eine ganz zentrale Rolle spielen. Ohne sie wäre es für uns nicht möglich, wir selbst zu sein. Wir müssen mit ihnen natürlich keineswegs eine Freundschaft beginnen, sie für ihr Handeln oder Verhalten loben; doch unsere Haltung ihnen gegenüber können wir ändern. Es wäre auch irrational von uns, diesen Menschen ein Leben lang böse zu sein, negative Gefühle ihnen gegenüber mit uns herumzuschleppen und ihnen möglichst bei jeder Gelegenheit aus dem Weg zu gehen. Der Buddha hat hierzu einen sehr passenden Vergleich aufgestellt. Er meinte, auf jemanden böse zu sein und einen inneren Groll auf jemanden zu hegen, ist wie Gift trinken, in der Hoffnung, dass dabei eine andere Person umkommt.

Unsere Reaktionen haben immer an erster Stelle etwas mit uns selbst zu tun, sonst würden wir nicht reagieren. Oder wie Hesse im *Demian* schreibt: *„Wenn wir einen Menschen hassen, so hassen wir in seinem Bild etwas, was in uns selber sitzt. Was nicht in uns selbst ist, das regt uns nicht auf."* Wenn wir eine Sache oder eine Person zu meiden versuchen, vor etwas weg rennen, es unterdrücken und verleugnen, wird es immer wieder zurück an die Oberfläche gelangen, uns konfrontieren und sich uns in den Weg stellen. Deswegen sprechen wir auch oft davon, dass sich eine Person im Kreis bewegt, oder immer wieder dieselbe Art von Konflikt, Partner oder Arbeitgeber anzieht. Wir laufen solange in dieselbe Wand, bis wir die damit verbundene Lektion verstanden, akzeptiert und zu lieben gelernt haben. Was es heißt, eine Sache lieben gelernt zu haben, werde ich ebenfalls mit dem Thema des Aneignens im nächsten Unterpunkt aufgreifen.

Oftmals suchen wir nach den Dingen, die unsere Ansichten unterstützen und mit denen wir uns identifizieren können, ziehen aber die Dinge und Menschen an, die uns herausfordern, uns nerven und irritieren und unsere eigenen verleugneten Charakterzüge an die Bildfläche bringen.

Das Paradebeispiel hierfür sind Kinder. Denn Kinder bringen genau die verleugneten, unterdrückten und abgelehnten Teile der Eltern zum Vorschein. Wenn man weiß, was Eltern am meisten stört, kann man vorhersagen, wie die Kinder werden. Dieser nicht ganz unumstrittene Gedanke wurde bereits vielfach medizinisch belegt. Es wurde gezeigt, dass während der Zeugung eines Kindes, die Seiten und Eigenschaften ihren Weg in dessen DNA finden, die von den Eltern am meisten unterdrückt werden. Der Grund dafür liegt auf der Hand. Das Kind spiegelt den Eltern somit die eigenen verleugneten Seiten wieder, und unterstützt diese dadurch dabei, sich selbst bedingungslos lieben zu können und zu ihrem authentischen Selbst zu werden.

Eine der wichtigsten Rollen, die unsere Mitmenschen für uns spielen, unabhängig davon ob das unsere Freunde oder *Feinde* sind, besteht darin, unsere verleugneten Charakterzüge aus uns heraus zu kitzeln, in dem sie uns auf die Palme bringen, unsere wunden Punkte *triggern*, und uns dadurch herausfordern. Denn dadurch dienen und helfen sie uns dabei, zu unserem wahren Selbst zu werden. Sie lehren uns, ein Sammler zu werden. Durch sie vervollständigen wir das wichtigste Sammelalbum unseres Lebens – unser Selbst. Ohne sie wüssten wir nicht, was uns noch in unserem Album fehlt. Wenn uns jemand auf die Palme bringt, dann ermöglicht er uns dadurch, einen Schritt in Richtung unserer bedingungslosen Selbstliebe zu machen. Die Seiten von uns, die wir nur durch gewisse Bedingungen lieben können, werden zu wunden Punkten werden, die eines Tages von einer Person getriggert werden. Sie werden solange getriggert, bis wir sie zu einem Teil von uns gemacht haben. Je mehr wir das vermeiden wollen, umso hartnäckiger wird es uns verfolgen. Wir können vor uns Selbst und unseren Themen, die durch unsere verleugneten Seiten erkennbar werden, nicht weglaufen.

Wären wir Hauptdarsteller der *Truman Show*, dann würden unsere Zuschauer alle Seiten von uns zu Gesicht bekommen. Wir wären völlig transparent und es wäre klar ersichtlich, dass wir Schatten- und Schokoladenseiten haben. Wenn uns nun eines Tages ebenfalls klar werden würde, dass wir *Truman* sind und unser ganzes Leben als Live-Serie verfilmt wurde, gäbe es Seiten von uns, für die wir uns schämen würden und es uns sehr unangenehm wäre, dass die Welt diese sehen konnte. Diese Seiten, die wir lieber loswerden würden und die wir nicht ans uns lieben wollen und können, stellen unsere verleugneten Charakterzüge dar.

Aneignen und Lieben

Ich habe schon mehrmals auf die Gedanken vorweggegriffen, die in diesem Unterpunkt ausgeführt werden. Dabei habe ich davon gesprochen, dass wir uns unsere verleugneten Teile zu eigen machen, sie uns aneignen, bzw. wir sie sammeln können. Sammeln und aneignen verwende ich dabei synonym. Es geht darum, die Erkenntnis umzusetzen, dass wir als Erkennender das Erkannte auch in uns tragen. Es geht darum, den eigenen Kreis zu runden und das wichtigste Sammelalbum im Leben zu vervollständigen. Es geht darum, zur inneren Einheit zu gelangen.

Wenn vom Aneignen und vom Sammeln die Rede ist, klingt das vorerst einmal leicht schwammig und schwer vorstellbar. Wie können wir uns einen Charakterzug aneignen und was bedeutet das? Im ersten Schritt gilt es hier, zu einem aufmerksamen Beobachter zu werden und die eigene Selbstwahrnehmung zu schulen. Festzustellen und klar zu identifizieren, was uns genau irritiert, stört, uns auf die Palme bringt, und wo unsere wunden Punkte liegen, die uns immer wieder durch die Decke gehen lassen und auf 180 bringen, ist die Grundlage des Aneignens. Ohne zu wissen, was der verleugnete Charakterzug genau ist, können wir ihn uns nicht bewusst zu eigen machen.

Was löst eine innere Spannung in uns aus? Was genau ist es,

dass uns an einer Person, die wir nicht gerne unter die Augen kriegen, so nervt? Was muss jemand tun oder wie muss sich jemand verhalten, dass er eine bestimmte Reaktion in uns hervorruft, die uns im Nachhinein oft selbst verwundert oder verärgert? Je aufmerksamer wir darin sind, auf diese Fragen Indizien zu sammeln, umso besser können wir den Aneignungsprozess meistern.

Sobald wir genau identifiziert haben, welche Eigenschaft uns an einer Person irritiert, haben wir einen verleugneten Teil unseres Kreises isoliert und können an diesem arbeiten. Wichtig ist es, an dieser Stelle darauf hinzuweisen, dass uns in einigen Fällen ein Handeln gegen den Strich geht, dass etwas bestimmtes repräsentiert oder eine bestimmte Bedeutung für uns hat. Zum Beispiel kann es uns furchtbar aufregen, wenn eine Person mit vollem Mund spricht. In diesem Fall würden wir nicht nach Situationen suchen, in denen wir ebenfalls mit vollem Mund gesprochen haben, um uns diesen Charakterzug anzueignen, sondern wir würden zuerst fragen, was dieses Verhalten für uns heißt. Ist es respektlos, oder ekelerregend, oder was genau löst es in uns aus? In dem wir hier noch eine Stufe tiefer gehen und herausfinden, was das jeweilige Handeln genau für uns bedeutet, können wir mit noch mehr Präzision arbeiten. Und Präzision ist ein Schlüsselwort für die gelungene Aneignung. Wenn der Charakterzug, der uns stört, den wir noch verleugnen, sehr klar gefasst wurde, klappt es mit der Aneignung am besten.

Denn im zweiten Schritt geht es darum, dass wir uns die Frage stellen, wo wir genau dasselbe getan und uns genauso verhalten haben, wie die Person, die uns den eigenen verleugneten Charakterzug widerspiegelt. Je stärker unsere Reaktion auf den Charakterzug ausgefallen ist und je mehr er uns missfällt, umso stärker werden wir uns dagegen wehren, ihn als Teil von uns anzuerkennen und für ihn dankbar zu sein. Der eigene Stolz sträubt sich enorm gegen diesen Gedanken. Wir sollen auch so sein, wie der Mensch, den wir so abgrundtief verachten? Das scheint uns, auf Anhieb erst einmal nicht möglich zu sein. Doch der Aneignungsprozess ist ein Spiel der Wahrnehmungen. Wie jemand auf uns wirkt und wie wir auf andere wirken, liegt immer im Auge des Betrachters. Demnach stellt sich hier auch die Frage, auf wen wir so gewirkt haben, wie die verachtete Person auf uns gewirkt hat. Wer sieht uns so, wie wir diese Person sehen? Wer hat uns dabei ertappt, dass wir diesen Charakterzug ausleben? Je mehr Antworten und konkrete Situationen uns dabei in den Sinn kommen, umso näher kommen wir der Aneignung. Es gilt dabei, dass wir uns möglichst genaue Situationen in Erinnerung rufen. Wann haben wir so gehandelt, wo war es und wer hat es gesehen? Vermutungen sollten bei der Suche nach Antworten außer Acht gelassen werden.

Wir können dabei unser Leben wie ein Film vor uns ablaufen lassen und nach Situationen aus der Vergangenheit und aus allen möglichen Bereichen unseres Lebens suchen. Erst wenn wir aufrichtig sagen können, dass wir denselben Charakterzug, der uns an anderen stört, zum selben Ausmaß in uns tragen, haben wir ihn eingesammelt und uns angeeignet.

Abschließend geht es darum, den Charakterzug auszugleichen und ihn nicht länger durch unser Denken zu bewerten. Emersons Essay über die *Kompensation* erklärt diesen Gedanken klarer, poetischer und schöner als die meisten anderen Autoren, die versucht haben darüber zu schreiben. Solange wir immer noch Spannungen dem Charakterzug gegenüber haben, ist der Prozess noch nicht abgeschlossen. Die andere Seite zu sehen, hilft uns dabei, unser Schwarz-Weiß-Denken zu überwinden, und Ausgeglichenheit in unser Denken zu bringen. Wie wir von einem bestimmten Charakterzug profitiert haben und dieser uns dabei geholfen hat, in unseren wichtigsten Vorhaben voranzukommen und unsere höchsten Prioritäten zu erfüllen, ist dabei die zentrale Frage. Praktisch bedeutet das: wir arbeiten nun Situation um Situation durch und stellen uns die Frage, wie sich seit dem jeweiligen Augenblick, in dem wir den Charakterzug oder ein bestimmtes Verhalten in einer Person wahrgenommen haben, ein Nutzen für uns ergeben hat. Eine Aneignung ist dann abgeschlossen, wenn wir eine Situation, ein Ereignis oder eine Person nicht länger einseitig bewerten, sondern beide Seiten sehen und dafür dankbar sein können, weil wir erkennen, wie wir dadurch zu dem Menschen wurden, der wir sind und die Person oder Situation uns dabei geholfen haben, zu wachsen und uns zu entwickeln. Mit jeder Aneignung erweitern wir den Radius unseres Kreises. Dadurch fällt es uns zunehmend leichter, über den Dingen zu stehen. Auf die *Erweiterung des eigenen Radius* gehe ich im letzten Unterpunkt des Kapitels noch genauer ein.

Obwohl ich hier hauptsächlich negative Beispiele angeführt und von Verhaltensweisen und Eigenschaften gesprochen habe, die wir verachten, die uns stören und die wir in anderen verurteilen, ist es äußerst wichtig, dass wir hier in beide Richtungen arbeiten. Wir können auch verleugnete Charakterzüge besitzen, die wir als sehr positiv einstufen würden. Leute, die wir bewundern, heben wir gerne auf ein Podest. Verachtung wird zur Vergötterung. Wir haben Idole, die uns als unerreichbar und endlos weit weg vorkommen. Anstatt zu stolz zu sein, dass wir einen negativen Charakterzug auch in uns tragen, sind wir nun zu bodenständig und bescheiden, um uns einzugestehen, dass wir das Wahrgenommene und Erkannte auch in uns tragen.

Die Übertreibung einer Eigenschaft und der positiven Seiten einer Person, entfernt uns ebenso aus der eigenen Mitte und hindert uns dabei, den eigenen Kreis zu runden, wie die Verachtung und die Verurteilung einer negativen Seite. Unser Kreis kann sich nur zu dem Ausmaß entwickeln, zu dem wir die negativsten und positivsten Seiten und Wahrnehmungen integrieren und uns aneignen. Wenn wir nur in eine Richtung arbeiten, verbauen wir uns dadurch selbst die eigene Entwicklung. Metaphorisch gesprochen, könnten wir der größte Halbkreis sein und versuchen uns jede wahrgenommene positive Seite anzueignen, doch unser Gesamtkreis – das, was uns als Mensch ausmacht – würde zu dem Ausmaß auf der Strecke bleiben, zu dem wir uns die andere Seite angeeignet bzw. nicht angeeignet haben. *„Wenn ich mich großen Mitmenschen in* *den Schatten gestellt und übertroffen fühle, kann ich gleichwohl lieben; ich kann immer noch empfangen; und wer liebt, macht sich die Größe, die er liebt, zu eigen. […] Es ist die Natur der Seele, sich alle Dinge anzueignen und sich zu eigen zu machen."* – Emerson in Kompensation

Eine Anmerkung zu dem eben geschilderten Prozess ist mir noch wichtig. Es geht hier gar nicht darum, dass wir alles Handeln und jede Eigenschaft gutheißen und alles Verhalten tolerieren. Während ich beispielsweise gerade diese Zeilen im Ruhebereich eines ICEs schreibe, merke ich, wie es langsam in mir zu brodeln beginnt, weil ein Herr im nächsten Vierer laut telefoniert. Ich bin mir sehr wohl darüber bewusst, dass ich schon einige Male ein ähnlich rücksichtsloses Verhalten aus der Sicht anderer Personen an den Tag gelegt habe. Tatsächlich telefoniere ich oft in Zügen, versuche es allerdings im Ruhebereich zu vermeiden. Doch nur weil ich erkenne, dass ich diese Eigenschaft ebenfalls genauso besitze, wie der telefonierende Herr, heißt das noch lange nicht, dass ich sein Verhalten ohne weiteres in Kauf nehmen muss. Oder wenn uns eine Person mehrere Minuten warten lässt, können wir uns schnell einige Situationen in den Sinn rufen, in denen wir ebenfalls etwas respektlos und mit geringer Wertschätzung gegenüber der Zeit einer anderen Person gehandelt haben. Die Person dennoch auf die Unpünktlichkeit und das damit verbundene Gefühl hinzuweisen, das bei uns hervorgerufen wurde, ist auf jeden Fall legitim und sollte auch in Zukunft getan werden. Es wäre äußerst problematisch, wenn wir anderen Menschen nicht mehr mitteilen würden, wie ihr Verhalten auf uns wirkt und auch klar Stellung beziehen. Doch die Erkenntnis, dass wir denselben Charakterzug in uns tragen, hilft uns dabei, innere Ruhe zu bewahren und uns nicht aus der inneren Mitte zu entfernen.

Neben der Aneignung stellt sich noch die Frage, was es heißt, sich selbst zu lieben. Wie genau kann das Prädikat lieben hier verstanden werden? Ein erstes Indiz dazu liefern uns die Fragmente des Vorsokratikers Heraklit. In dem Abschnitt über die Einheit von Gegensätzen, lässt sich das folgende Zitat von ihm finden: *„Die schönste Harmonie entsteht durch Zusammenbringen der Gegensätze."* Die Gegensätze können wir hierbei als unsere beiden Seiten verstehen. Goethe hat zwei ähnliche Gedanken formuliert, in seinen Aussagen: *„Das Gleichgewicht in den menschlichen Handlungen kann leider nur durch Gegensätze hergestellt werden."* Und: *„Denn entgegengesetzte Eigenschaften machen eine innigere Verbindung möglich."* Nur die eine Seite der Gegensätze zu lieben, in den meisten Fällen die Schokoladenseite, ist immer eine bedingte und blinde Liebe. Sie zerbricht sobald die andere Seite mehr und mehr zum Vorschein kommt, was unvermeidlich ist. Deswegen gehen intime Beziehungen in jungen Jahren sehr oft auch zügig wieder in die Brüche. Wir sehen eine Sache an der Person, die uns nicht gefällt, und schon lassen wir die Beziehung hinter uns. Im Laufe der Jahre entwickeln wir unseren Kreis und lernen dadurch auch, andere zunehmend für das zu lieben, was sie sind und nicht für das, was wir gerne aus ihnen machen würden und wie wir sie gerne hätten.

Wenn ich also davon spreche, dass man sich selbst oder andere bedingungslos liebt, lehne ich mich an die Definition von Liebe meines Mentors Dr. John Demartini an, die mit Abstand pointierteste, der ich je begegnen durfte. John hat alle großen Philosophen mit einmaliger Hingabe studiert und ist nach Jahrzehnten intensiver Studien zu der Erkenntnis gelangt, dass bedingungslose Liebe zeit- und raumlos ist, und die Synthese aller komplementären Gegensätze darstellt. Das bedeutet nichts anderes, als dass wir uns selbst und andere für beide Seiten – ihre Gegensätze – gleichermaßen lieben können. Die Synthese der Gegensätze bringt uns zurück in unsere Mitte und hilft uns bei der Erweiterung unseres Radius. Der Versuch die Gegensätze separat zu halten und sie zu trennen, führt zu chronischer Unzufriedenheit, Frustration und Leid. Das Streben nach Polarität und die trostlose Suche nach Einseitigkeit liegen einer gespaltenen Persönlichkeit zugrunde, der es nicht möglich ist, zufrieden und in Einklang mit dem eigenen Leben zu sein. Rein positives Denken und das Ausblenden der Negativität ist oft der Beginn davon. Das Unterdrückte gewinnt nämlich erst durch die Unterdrückung an Kraft. Wir züchten unsere eigenen Dämonen. Die Abhängigkeit und Sucht nach gutem Gefühl und Positivität ist der Ursprung des Negativen. Emerson hat es in seinem Essay Kompensation sehr treffend ausgedrückt: *„Während so die Welt ein Ganzes sein will und eine Teilung verweigert, suchen wir einseitig zu handeln, zu sondern, zu bestimmen; zum Beispiel, um die Sinne zu befriedigen, trennen wir die Lust der Sinne von demjenigen, dessen der Charakter bedarf."*

Und als Ansatz einer Lebensphilosophie hat es Hesses Siddhartha ebenfalls gut auf den Punkt gebracht: *„Die Welt zu durchschauen, sie zu erklären, sie zu verachten, mag großer Denker Sache sein. Mir aber liegt einzig daran, die Welt lieben zu können, sie nicht zu verachten, sie und mich nicht zu hassen, sie und mich und alle Wesen mit Liebe und Bewunderung und Ehrfurcht betrachten zu können."*

Wann treten welche Charakterzüge in den Vordergrund?

Die These, dass wir das Erkannte auch in uns tragen, um es erkennen zu können, ist weitreichend und gewagt. Denn, wenn wir diese These weiterdenken, dann bedeutet das letztendlich, dass jeder Mensch jeden Charakterzug in sich trägt. Und genau dafür möchte ich plädieren. Auch dieser Gedanke ist durch Hesses Siddhartha inspiriert, der zu seinem Freund Govinda sagte: *„Die Welt ist nicht unvollkommen, oder auf einem langsamen Weg zur Vollkommenheit begriffen: nein, sie ist in jedem Augenblick vollkommen, alle Sünde trägt schon die Gnade in sich, alle kleinen Kinder haben schon den Greis in sich, alle Säuglinge den Tod, alle Sterbenden das ewige Leben. Es ist keinem Menschen möglich, vom anderen zu sehen, wie weit er auf seinem Wege sei, im Räuber und Würfelspieler wartet Buddha, im Brahmanen wartet der Räuber."*

Auch durch Platon ist dieser Gedanke inspiriert. Er sprach in seinem Dialog *Phaidon* davon, dass alles Lernen von uns ein Wiedererinnern ist. Ich glaube, wie Hesse und Platon, dass wir bereits in uns die Veranlagung des vollen Kreises, des Buddha, alle Teile unseres Selbst tragen, und uns schrittweise *wiedererinnern* und zu dem werden, was wir im Ansatz und unseres Wesen nach bereits sind. Ich glaube, dass wir wie Michelangelos David sind. Denn als Michelangelo gefragt wurde, wie er eine derart schöne Kreatur schaffen konnte, meinte er, dass David bereits von Beginn an in dem Marmorblock steckte. Er habe nur dabei geholfen, ihm seine Form zu geben. In jedem von uns steckt auch bereits ein David und es liegt an uns, ihm seine wirkliche Form wiederzugeben.

Der Gedanke, dass jeder von uns, jeden Charakterzug in sich trägt, mag auch deshalb nicht sofort einleuchten, weil wir durch die verschiedensten Persönlichkeitsprofile immer wieder auf den Pfad getrimmt wurden, dass wir ein bestimmter Typ sind, der bestimmte Eigenschaften hat und deswegen ein gewisses Verhalten an den Tag legt und auf seine Weise mit den anderen Typen interagiert. Allein aus dem Prinzip der Verantwortung finde ich, dass Typen-Profile einfach zu kurz greifen. Ich habe es zu oft erlebt, dass jemand einen der vielen Persönlichkeitstests durchgeführt hat, danach ein Ergebnis erhielt und von dem Zeitpunkt an geglaubt hat, die Welt seinem Typ gemäß zu sehen und sich entsprechend zu verhalten. Aussagen wie: *„Ich bin halt ein 3er Typ"* oder *„ich bin nun mal ein G-Typ"* können und dürfen nicht als Grund oder sogar als Ausrede für jede Handlung genutzt werden. Dadurch wird die eigene Verantwortung auf etwas verlagert, das außerhalb von uns zu liegen scheint und durch die eigene Veranlagung und DNA bestimmt sein soll. Es ist natürlich erleichternd und angenehm, die Welt und die Menschen durch ein paar Typen zu filtern, doch darf uns die eigene Bequemlichkeit hier nicht den Blick vernebeln. Fast noch schlimmer als der Faktor der eigenen Verantwortung, ist die Gefahr der Stagnierung durch eine Einordnung in derartige Profile. Wenn wir uns einmal als einen bestimmten Typen sehen, dann neigen wir leider schnell dazu, uns auf diesen Typen zu beschränken und die dominanten Fähigkeiten, die anderen Typen zugeschrieben werden, als eigene verleugnete Teile zu betrachten. Ich will hier dafür argumentieren, dass jeder Mensch, auch jeden Typen in sich trägt, und unsere Werte und Prioritäten dafür ausschlaggebend sind, auf welche Art und Weise die jeweiligen Typen und Charakterzüge zum Vorschein kommen.

Die Seiten von uns, mit denen wir uns leicht anfreunden und identifizieren können, sind sehr oft innerhalb der Tätigkeiten vorzufinden, die unmittelbar mit unseren höchsten Prioritäten zusammenhängen. So sind wir häufig am fokussiertesten, verlässlichsten, diszipliniertesten, langatmigsten, präsentesten, und versprühen am meisten Enthusiasmus, wenn unser Alltag der Dinge entsprechend gelebt wird, die uns am wichtigsten sind.

Die andere Seite von uns, bei der sich die größte Dichte an verleugneten Teilen wiederfindet, kommt tendenziell bei unseren niedrigen und zweckbedingten Prioritäten durch. Wir sind dann am faulsten, antriebslosesten, unmotiviertesten, behäbigsten, unorganisiertesten, und haben die wenigste Klarheit, Aufmerksamkeit und Fokus, wenn wir die Dinge tun, die uns auf den ersten Blick als überflüssig, irrelevant und nutzlos erscheinen. Unterschiedliche Seiten von uns, Typen und Eigenschaften, kommen in verschiedenen Situationen, Umfeldern und Kontexten ans Licht. Wir wirken desinteressiert, uninspiriert und langweilig, wenn mit uns über Dinge gesprochen wird, die uns nicht ansprechen, und blühen auf, strahlen förmlich und erscheinen als ansteckende und magnetische Persönlichkeit, wenn wir über das sprechen dürfen, wofür wir am meisten brennen.

Die Behauptung, dass wir eine Eigenschaft nicht (länger) besäßen, ist immer an Stolz – bei negativ beurteilten Beispielen – oder an falsche Bescheidenheit – bei sehr positiv beurteilten Beispielen – gekoppelt und weist auf ein fehlendes Stück unseres Sammelalbums hin, das es noch anzueignen gilt.

Ist es sinnvoll, immer authentisch zu sein?

Nachdem wir uns jetzt einen ersten relativ kompakten Eindruck darüber verschafft haben, was es heißt, authentisch zu sein, treten einige Fragen auf. Die womöglich brennendste Frage, die du dir während des Lesens dieser Zeilen gestellt haben magst, lautet: „Ist es tatsächlich sinnvoll, stets authentisch zu sein?" Du fragst dich wahrscheinlich, ob eine derartige Transparenz, wie sie beschrieben wurde, nicht ausgenutzt wird und die eigene Angriffsfläche enorm groß macht. Oder du denkst dir, dass gezielte Täuschung, wie sie beispielsweise von Robert Greene in seinem Buch über die *48 Gesetze der Macht*, das stark an Machiavelli erinnert und sich oft an diesen anlehnt, vertreten wird, eine große Vielzahl an Vorteilen mit sich bringen kann. Die Befürchtung, dass authentisch zu sein, uns um diese Vorteile bringen würde, scheint vorerst einmal legitim. Doch gleichzeitig muss auch die Frage gestellt werden, welchen Preis wir dafür zahlen, uns zu verstellen und weder authentisch noch selbstbewusst zu sein.

Als erstes gilt es festzuhalten, dass es eine Illusion ist, wenn wir glauben, immer und in jedem Moment authentisch sein zu können. Wir nähern uns der Authentizität und unserem authentischen Selbst zwar zunehmend an und erleben auch immer wieder mal einen wirklichen authentischen Moment – der von Heraklit als schönste Harmonie beschrieben wurde. Allerdings sind wir ein wenig wie ein Flugzeug. Wir starten alle eine Reise, sind die meiste Zeit nicht ganz in der Spur und auf dem richtigen Weg, doch wir korrigieren und passen unsere Richtung immer wieder an, und kommen schlussendlich am geplanten Ziel an. Unser authentisches Selbst können wir dabei als letztes und höchstes Ziel verstehen, das durch einige Turbulenzen auf der Strecke, durch sehr ruhige und entspannte, aber auch durchaus bewölkte und dunkle Phasen, geprägt ist.

Wenn das authentische Selbst den vollen und runden Kreis darstellt und Authentisch-Sein die bedingungslose Selbstliebe ist, so wie sie beschrieben wurde, dann können wir gar nicht anders, als wir selbst sein, da wir unser Selbst verwirklicht haben, indem wir uns alle verleugneten Teile angeeignet haben. Das Stadium des wirklich runden Kreises, ist mit dem Stadium des Buddhas vergleichbar, der als Vollendeter beschrieben wurde. In diesem Stadium gibt es keine Angriffsfläche. Verstellung würde hier gar keinen Sinn mehr machen, da wir in unserem Sein so gefestigt sind und die Trennung zwischen uns und dem anderen nicht länger bestand hat. Wir stellen fest, dass Schwäche nicht darin besteht, transparent zu sein und alle Seiten an sich lieben zu können, sondern viel mehr darin, gewisse Seiten von sich verbergen zu wollen.

Wenn wir Tugenden dadurch erlernen, dass wir immer wieder tugendhaft handeln, was geschieht dann mit unserem Charakter, wenn wir uns immer wieder gezielt verstellen und anderen etwas vorzumachen versuchen? Dem Aneignungsprozess entkommen wir dadurch nicht, aber wir entschleunigen ihn, stehen uns selbst im Weg und hadern auch oft mit uns. Wir wollen wir selbst sein, kommen jedoch aus verschiedenen Gründen nicht dazu. Dass es hier und da sinnvoll sein kann, ein dominantes und aufsehenerregendes Auftreten an den Tag zu legen, oder wie Machiavelli schreibt, sich bewusst von seiner anderen Seite zu zeigen, soll damit nicht ausgeschlossen sein. Denn dadurch verstellen wir uns nicht, sondern zeigen nur einen bestimmten Teil von uns. Verstellen tun wir uns dann, wenn wir bewusst versuchen, jemand anders zu sein, als wir es sind, oder wenn wir handeln, wie es von uns erwartet wird, statt so, wie wir es gerne möchten und es für richtig erachten.

Ein Gedanke, der innerhalb dieses Unterpunkts noch wichtig festzuhalten ist, hängt mit der in der Alltagssprache sehr beliebten Komfortzone zusammen. Es heißt dazu oft, nicht ganz unpassend, dass unser Wachstum jenseits der eigenen Komfortzone liegt. *„Wir müssen die eigene Komfortzone verlassen, um neue Dimensionen erreichen zu können"*, hören und lesen wir in Ratgebern und von Motivations-Gurus. Was genau meinen sie damit, wenn sie davon sprechen, dass wir die eigene Komfortzone verlassen müssen? Ich versuche diese Frage, wieder anhand des Kreis-Beispiels näher zu erläutern. Alles was bereits Teil unseres Kreises ist, was wir uns schon angeeignet haben, fordert uns nicht mehr heraus und bewegt uns nicht aus der inneren Mitte. Wir können hier über den Dingen stehen und sind Herr der Lage. Anders ist das bei den Dingen, Situationen und Erfahrungen, die außerhalb unseres Kreises liegen. Sie bringen uns aus dem Gleichgewicht, bringen uns emotional und physisch an die eigenen Grenzen und bringen Seiten in uns hervor, die uns entweder unbekannt sind oder mit denen wir uns noch nicht ganz wohl fühlen. Unser Kreis kann sich nur dadurch entwickeln und seinen Radius erweitern, indem genau so etwas passiert. Das Unbekannte führt uns zu besserer Selbstkenntnis.

Der Ansatz, dass wir unsere Komfortzone – unseren momentanen Kreis – verlassen müssen, um uns weiterzuentwickeln, ist demnach sehr treffend. Es mag nicht sonderlich angenehm sein und wir fühlen uns sehr wahrscheinlich die meiste Zeit ziemlich unwohl dabei, doch ist das anschließende Gefühl nach dem Sprung ins kalte Wasser unvergleichlich. Wir limitieren uns selbst, wenn wir uns durch einen der 7 Gründe aus dem vorherigen Kapitel (meistens eine Mischung aus Zweifel, Bequemlichkeit und Angst) zurückhalten lassen und die Geborgenheit und Vertrautheit unseres Kreises nicht verlassen möchten. Dass uns dabei unerwartete Schwierigkeiten konfrontieren können, wir hin und wieder nicht weiter wissen, und stellenweise das Gefühl haben, Rückschritte zu machen, weil wir Rückschläge erleiden, ist die Norm. Allein der Erfahrungswert, der aufgebrachte Mut, und der unvermeidbare Lerneffekt, übertreffen den erlittenen Schmerz und die Anstrengung. Wir müssen uns gelegentlich aus dem inneren Gleichgewicht bewegen, um voranzukommen. Das lernen wir bereits in der Schule, wenn es um Physiologie und Muskelwachstum geht. Nur wenn das Stadium der Homöostase (Balance und Gleichgewicht von Zellen) mal gezielt gebrochen wird, kann ein Muskel wachsen.

Alles, was außerhalb unseres Kreises liegt, bietet uns die Chance, uns weiterzuentwickeln und unserem authentischen Selbst näherzukommen. Das Verlassen des Kreises stellt uns zwar jedes Mal wieder vor neue Hürden, neue Illusionen, neues einseitiges Denken und Urteilen, doch mit jedem Level, das wir meistern, gewinnen wir vorübergehend unser Gleichgewicht zurück, befinden uns in der eigenen Mitte und haben wieder unseren Kreis erweitert. Ohne derartige Hürden und Herausforderungen, wäre es für uns unmöglich, zurück zu unserem Selbst zu gelangen. Wir würden stehen bleiben und vor Langeweile krepieren.

Der Zusammenhang zwischen Einheit im Selbst und Persönlichkeitsentwicklung

Meine Oma hat mir mal eine Postkarte geschrieben, mit dem schönen Spruch auf der Vorderseite: *„Wir leben alle unter demselben Himmel. Wir haben aber nicht denselben Horizont."* Es ist interessant, wie sehr sich die Metaphorik des Kreises, und des Sammelns, in unserer Alltagssprache verwurzelt hat, ohne, dass wirklich bewusst über die tiefere Bedeutung davon gesprochen wird. Dass sich jemand in höheren oder anderen Sphären bewegt, über den Dingen steht, sich in seiner Mitte befindet, rund als Charakter ist, sich auf der gleichen Wellenlänge befindet, oder eben einen anderen Horizont hat, sind geläufige Redewendungen. Diese Redewendungen sind sehr eng mit dem verbunden, worüber ich bisher versucht habe, zu schreiben. Der Zusammenhang unserer Persönlichkeitsentwicklung, unserer verleugneten Teile, unseres authentischen Selbst und unserer Alltagssprache ist stellenweise verblüffend.

Unsere Persönlichkeitsentwicklung gelingt uns nur zu dem Ausmaß, zu dem wir unsere verleugneten Charakterzüge sammeln. Je größer die Menge an verleugneten Teilen, umso kleiner ist unser Kreis; umso mehr urteilen wir über andere und umso schwieriger sind wir als Person, würde man sagen. Unsere verleugneten Teile sind es, die uns zurück und klein halten. Sie nehmen uns unsere Strahlkraft und begrenzen unser Charisma. Verleugnete Teile führen zu Selbstbegrenzung und zu beschränkter Kontrolle – *Disempowerment* (es gibt leider keine wirklich schöne und passende Übersetzung von *Disempowerment* ins Deutsche).

Jedes Mal, wenn wir uns dabei ertappen, dass wir uns für etwas verteidigen, rechtfertigen und nach Ausreden suchen, wieso wir etwas getan haben oder wieso wir handlungsuntätig geblieben sind, sollte uns klar sein, dass das oft Zeichen unserer Unaufrichtigkeit sind und auf etwas außerhalb unseres Kreises hinweisen. Jedes Mal hingegen, wenn es uns gelingt, zwei Gegensätze zu einer Synthese zu bringen und einen Ausgleich in unserem Denken schaffen, bekommen wir einen Einblick in unser authentisches Selbst, das die perfekte Balance darstellt und jenseits von Rechtfertigungen und Urteilen liegt. Dadurch erweitern wir gleichzeitig auch unseren Kreis.

In seinem genialen Essay Kreise hat Emerson die Entwicklung des eigenen *Kreises* wie folgt beschrieben:

„Der Schlüssel zu jedem Menschen ist sein Denken. Starr und trotzig, wie er auch aussehen mag, hat er doch ein Steuer, das er achtet, welches die Idee ist, nach der all seine Tatsachen geordnet werden. Er kann nur dadurch geändert werden, daß ihm eine neue Idee gezeigt wird, die seine eigene beherrscht. <u>Das Leben des Menschen ist ein sich selbst entwickelnder Kreis, der, ausgehend von einem nicht wahrnehmbaren kleinen Kreis, nach allen Seiten hin in neue und größere Kreise sich ohne Ende ausdehnt.</u> [Eigene Hervorhebung] Die Ausdehnung, die diese Generation von Kreisen, Kreisrund vor Kreisrund, annimmt, hängt von der Kraft oder Wahrhaftigkeit der individuellen Seele ab. Denn es ist das schwerfällige Bemühen eines jeden Gedankens, der sich in eine Kreiswelle von Umständen hineingebildet hat – wie als Beispiele ein Königreich, die Regeln einer Kunst, ein lokaler Brauch, ein religiöser Ritus – sich auf diesem Rücken anzuhäufen und das Leben zu verdichten und zu umgeben. Wenn die Seele aber schnell und stark ist, durchbricht sie auf allen Seiten diese Begrenzungen und dehnt auf der großen Tiefe einen weiteren Kreis aus, mit dem Be-

streben, wieder zum Stillstand zu führen und zu binden. Aber das Herz läßt sich nicht gefangen nehmen; in seinen ersten und kurzen Pulsschlägen strebt es schon mit einer immensen Kraft nach außen und nach ungeheurer und unmeßbarer Ausdehnung."

Emerson beschreibt hier unseren Drang nach Entwicklung, Aneignung und Ausdehnung des eigenen Kreises – Charakters. Er spricht auch darüber, dass wir immer wieder unser Gleichgewicht (Stillstand nach der Ausdehnung) zurück erlangen, nachdem wir einen neuen Kreis gezogen haben und es verlassen müssen, um erneut einen größeren Kreis ziehen zu können.

Der Radius des eigenen Kreises, sprich unser eigenes Entwicklungsstadium, spielt eine große Rolle dabei, auf was für einer *Frequenz* und Wellenlänge wir uns befinden und mit wem wir eine Resonanz verspüren. Es war Max Planck, der uns einen großen Einblick in dieses Thema geschaffen und einen Meilenstein gelegt hat, als er 1899 das Wirkungsquantum – oder auch *Plancks Konstante* – entdeckte. Wir können uns diese Konstante als die höchste greifbare und uns bekannte Frequenz vorstellen. Sie lässt sich als eine Wellenlänge darstellen (siehe Diagramm), die stets zwei Seiten besitzt.

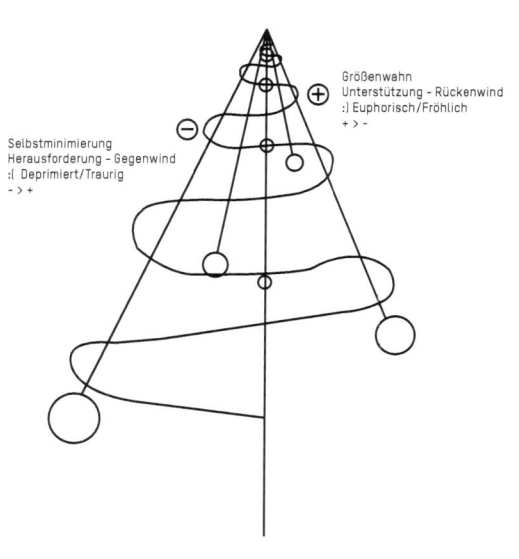

Ausgehend von Plancks Konstante werden diese Wellenlängen immer größer und länger. Je größer die Wellenlänge, umso niedriger dessen Frequenz, umso schwieriger ist es, diese in ihr Zentrum und Gleichgewicht zu bringen. Das Zentrum ist das Stadium, in dem wir uns in unserer Mitte befinden. Wenn wir auf der einen Seite des Diagramms Plancks Konstante haben, dann befindet sich ganz unten auf der anderen Seite ein radikaler Fundamentalismus, der sich durch Schwarz-Weiß Denken charakterisiert. Wenn wir nun davon sprechen, dass wir uns auf einer Wellenlänge mit jemandem befinden, dann meinen wir damit nichts anderes, als dass wir auf einer Frequenz vibrieren[6] bzw. ein sehr ähnliches Frequenzlevel haben. Wir sind in dieser Hinsicht ein wenig wie ein Radio, das für gewisse Sender empfänglich ist und für andere nicht – je nach Radio-Typ eben. Manche Radio-Typen sind empfänglicher für weitere Sphären und können fast alle Sender empfangen, unabhängig davon, wo sie sich befinden, und andere empfangen eben nur die städtischen Sender. Für alle Ebenen, Hürden und Gegensätze, die wir gemeistert haben und die Teil unseres Kreises sind, sind wir empfänglich. Wir verstehen sie, weil wir sie in uns integriert und zu einem Teil von uns gemacht haben. Andere Dinge, die wir uns noch nicht zu eigen machen konnten, sind Sender, die wir noch nicht bereit sind zu empfangen.

Die Frequenz, auf der wir uns befinden, ist ausschlaggebend dafür, wen und was wir in unser Leben ziehen. Deswegen ist es auch nicht verwunderlich, dass bei Veranstaltungen, Galas und in sozialen Umgebungen, im absoluten Großteil der Fälle, die Personen, die bereits *ein großer Kreis sind*, einen gewissen Einfluss haben und sich auf einer hohen Bewusstseinssphäre bewegen, zusammen sitzen, Zeit miteinander verbringen und sich sehr gut verstehen und diejenigen, bei denen das Gegenteil der Fall ist,

---

6 Der physische Körper lässt sich in immer kleinere Teile herunterbrechen. Von Systemen (wie dem Zentralen Nervensystem), über Organe, Gewebe, Zellen, Organellen, Moleküle, bis hin zu subatomaren Partikeln, können wir ihn auf eine Ebene reduzieren, die durch Schwingungen und Vibrationen geprägt ist. Deshalb können wir auch davon sprechen, dass wir gewisse Energien wahrnehmen, eine gewisse Resonanz ausstrahlen und empfangen, und uns eben mit jemandem auf einer Frequenz und Wellenlänge befinden.

ebenfalls einander anziehen, sich finden und Zeit zusammen verbringen. Insofern machen auch beide Aussagen, die auf den ersten Blick widersprüchlich wirken können, Sinn: Gleich und Gleich ziehen sich an und Gegensätze ziehen sich an. Wir ziehen einerseits Personen und Umstände in unser Leben, die unserer Frequenz entsprechen und andererseits ziehen wir auch die Dinge und Menschen in unser Leben, die uns unsere eigenen verleugneten Teile widerspiegeln, so dass wir diese zu lieben lernen. Letzteres ist ein sehr gängiges Muster in Familiendynamiken und Partnerschaften.

Persönlichkeitsentwicklung verstehe ich auf Grundlage der vorhergehenden Ausführungen deshalb gerne auch als die Aneignung verleugneter Teile und das Wachstum des eigenen Kreises bzw. das Füllen des Sammelalbums. Wir haben ein angeborenes Verlangen und eine innere Sehnsucht danach uns Plancks Konstante anzunähern, die in moderner Literatur gerne auch als Gottesstandpunkt dargestellt wird. Dieses Verlangen wird in mystischen und spirituellen Texten oft als Rückkehr zur Quelle beschrieben. Durch unsere Erfahrungen lernen wir, uns wieder daran zu erinnern, was wir unserem Wesen nach und in unserem Selbst sind. Die Entwicklung der Persönlichkeit ist somit auch eine Rückkehr zum authentischen Selbst. Dass wir uns dabei sehr oft selbst im Weg stehen, mit uns hadern, uns schwer tun, den nächsten Kreis zu ziehen, in (Identitäts-) Krisen feststecken, nicht mehr weiter wissen, und oft verzweifeln, ist ganz normal. Identitätskrisen treten beispielsweise besonders häufig auf, wenn wir uns sehr schnell entwickeln, unser Kreis zügiger als erwartet neue Sphären einnimmt und unser Umfeld etwas gemächlicher voranschreitet.

Das Umfeld und die anderen werden im Zentrum des zweiten Teils stehen. Die bisherigen Ausführungen sollten dazu dienen, dich in den Fokus zu rücken und dir einen Einblick sowie ein besseres Verständnis über innere Konflikte – Du gegen Dich – zu verschaffen.

Kapitel-Highlights

- Das Erkannte liegt immer schon im Erkennenden, um erkannt werden zu können.
- Bedingungslose Liebe bedeutet eine Synthese der Gegensätze; der ganze Kreis wird geliebt nicht nur der Halbkreis.
- Wir reagieren am stärksten auf das, was wir uns noch nicht angeeignet haben und womit wir uns nicht identifizieren können.
- Das wichtigste Sammelalbum im Leben ist mit unserem Aneignungsprozess gleichzusetzen.
- Unsere Werte und Prioritäten sind die ausschlaggebenden Faktoren, wann welcher Charakterzug ans Licht kommt.
- Unsere Persönlichkeitsentwicklung hängt direkt mit der Menge unserer verleugneten Charakterzüge zusammen. Je reaktiver wir sind und je mehr wir im Schwarz-Weiß Denken gefangen sind, umso größer die Zahl der verleugneten Charakterzüge.

Teil 2: Du gegen andere

Kapitel 4: Unterordnung, Schuldgefühle & Vergleiche

„Wenn du jemanden nachahmst, beleidigst du dein eigenes Menschsein, beleidigst du Gott."
Osho

Im ersten Teil *Du gegen Dich* habe ich den Fokus klar darauf gerichtet, wie wir uns selbst immer wieder davon abhalten, authentisch und selbstbewusst zu sein. Ich habe über Seelenteile, eigene verleugnete Charakterzüge, und die 7 zentralen Gründe wieso wir uns selbst im Wege stehen, gesprochen. Diese Punkte waren alle sehr stark Subjekt bezogen. Doch wie Martin Buber schon sagte, wird das Ich erst durch das Du zum Ich. Es gibt etwas, das außerhalb von uns liegt. Das Subjekt braucht Objekte zur Selbsterkenntnis, wie wir im letzten Kapitel gesehen haben. An manchen Stellen habe ich bereits erste Andeutungen über diese Objekte – unser Umfeld, all das, was außerhalb von uns geschieht – gemacht. So habe ich beispielsweise auf Kierkegaard verwiesen, der das Vergleichen mit anderen, als Ursprung der Unzufriedenheit und als Ende des Glücks beschrieben hat. Oder ich habe das konfliktscheue Verhalten angerissen und erwähnt, dass, wenn wir ständig darum bemüht sind, Konflikte mit unserem Umfeld und unseren Mitmenschen zu vermeiden, dadurch innere Konflikte entstehen.

Eine beliebte Binsenweisheit besagt, dass unsere Außenwelt nur eine Spiegelung unserer Innenwelt sei. Bei dieser Aussage würde ich zwar nicht zu 100% mitgehen, doch ihr jeglichen Gehalt abstreiten, würde ich auch nicht. Unsere Wahrnehmung der Außenwelt, die u.a. durch unsere Prioritäten und Werte geprägt wird, und dessen Interpretation stammen aus unserer Innenwelt. Wittgenstein hat nicht umsonst in seinem bedeutenden Werk dem *Tractatus Logico-Philosophicus* geschrieben, dass die Welt des Glücklichen

KAPITEL 4

eine andere ist, als die des Unglücklichen. Was wir in unserer Außenwelt anziehen, welche Ereignisse uns widerfahren und welche Personen in unser Leben treten, hängt zweifelsohne – wie schon im letzten Kapitel diskutiert – sehr stark mit der Innenwelt zusammen.

In diesem zweiten Teil *Du gegen andere* werde ich den Fokus nun größtenteils von der Subjektebene entfernen und auf das Objekt verlagern. Zentrale Fragestellungen lauten dabei wie folgt: welche Rolle spielt das Umfeld hinsichtlich der Entwicklung des authentischen Selbst? Wie sehr fördert und wie sehr hindert *der andere* diese Entwicklung? Wie kann ich selbstbestimmt handeln in einer Welt, die mir ständig ihre Erwartungen aufdrängt? Besteht ein Zusammenhang aus Authentizität und dem Gedanken von innerer Freiheit?

Beginnen möchte ich diesen zweiten Teil mit der kurzen und aussagekräftigen Geschichte *Der Adler, der nicht fliegen wollte* von dem ghanaischen Missionar James Aggrey. Dabei geht es mir vor allem darum, noch einmal die Wirkung von Objekt auf Subjekt hervorzuheben, um darauf aufbauend die drei großen Schwerpunkte dieses Kapitels, Unterordnung, Schuldgefühle und Vergleiche, vertiefen zu können.

„Ein Mann ging in den Wald, um einen Vogel zu fangen, den er mit nach Hause nehmen konnte. Er fing einen jungen Adler, brachte ihn heim und steckte ihn in den Hühnerhof zu den Hennen, Enten und Truthühnern. Und er gab ihm Hühnerfutter zu fressen, obwohl er ein Adler war – der König der Vögel.

Nach fünf Jahren erhielt er den Besuch eines naturkundigen Mannes. Und als sie miteinander durch den Garten gingen, sagte der: „Dieser Vogel dort ist kein Huhn, er ist ein Adler!"

„Ja", sagte der Mann, „das stimmt. Aber ich habe ihn zu einem Huhn erzogen. Er ist jetzt kein Adler mehr, sondern ein Huhn, auch

wenn seine Flügel 3 Meter breit sind." "Nein", sagte der andere. "Er ist immer noch ein Adler, denn er hat das Herz eines Adlers. Und das wird ihn hoch hinauffliegen lassen in die Lüfte." "Nein, nein", sagte der Mann, "er ist jetzt ein richtiges Huhn und wird niemals fliegen."
Darauf beschlossen sie, eine Probe zu machen. Der naturkundige Mann nahm den Adler, hob ihn in die Höhe und sagte beschwörend: "Der du ein Adler bist, der du dem Himmel gehörst und nicht dieser Erde: Breite deine Schwingen aus und fliege!"

Der Adler saß auf der hochgereckten Faust und blickte um sich. Hinter sich sah er die Hühner nach ihren Körnern picken, und er sprang zu ihnen hinunter. Der Mann sagte: "Ich habe dir gesagt, er ist ein Huhn!" "Nein", sagte der andere, "er ist ein Adler. Ich versuche es morgen noch einmal!"

Am anderen Tag stieg er mit dem Adler auf das Dach des Hauses, hob ihn empor und sagte: "Adler, der du ein Adler bist, breite deine Schwingen aus und fliege!" Aber als der Adler wieder die scharrenden Hühner im Hofe erblickte, sprang er abermals zu ihnen hinunter und scharrte mit ihnen. Da sagte der Mann wieder: "Ich habe dir gesagt, er ist ein Huhn!" Doch der andere blieb hartnäckig. "Nein", sagte er, "er ist ein Adler, und er hat immer noch das Herz eines Adlers. Lass es uns noch ein einziges Mal versuchen; morgen werde ich ihn fliegen lassen!"

Am nächsten Morgen erhob er sich früh, nahm den Adler und brachte ihn hinaus aus der Stadt, weit weg von den Häusern an den Fuß eines hohen Berges. Die Sonne stieg gerade auf, sie vergoldete den Gipfel des Berges, jede Zinne erstrahlte in der Freude eines wundervollen Morgens.

Er hob den Adler hoch und sagte zu ihm: "Adler, du bist ein Adler. Du gehörst dem Himmel und nicht dieser Erde. Breite deine Schwingen aus und fliege."

Der Adler blickte umher, zitternd, als erfülle ihn neues Leben – aber er flog nicht. Da ließ ihn der naturkundige Mann direkt in die Sonne schauen. Und plötzlich breitete er seine gewaltigen Flügel aus, erhob sich mit dem Schrei eines Adlers, und flog höher und höher. Weder der Adler, noch der Mann kehrten jemals zu dem Hause zurück. An manchen Abenden jedoch, steht der Mann auf einer Anhöhe vor seinem Gut und blickt in die Weiten des Himmels. In manchen Momenten, wenn der Wind gut steht und der Tag sehr klar ist, bildet er sich ein, den dankbaren Ruf eines frei fliegenden Adlers aus den Weiten der Lüfte zu hören, der ihm sagen will: 'Danke für deinen Glauben und dafür, dass du in mir gesehen hast, was ich wirklich bin. Das Leben ist schön hier oben!"

In dieser Geschichte sind einige Elemente enthalten, denen wir bereits mehrmals im Buch begegnet sind. Der Aufbruch des Adlers, der zu guter Letzt noch gelingt, ist, wie das Ziehen eines neuen Kreises: Herausfordernd. Stellenweise unheimlich. Unglaublich lohnenswert. Die Bequemlichkeit kommt sehr schön zum Vorschein und wird im nächsten Kapitel noch vertieft. Fakt ist nun mal, es ist leichter, und mit mehr Gewissheit und Sicherheit – dafür weniger Verantwortung – verbunden, sich mit dem Leben der Hühner zu begnügen – wir würden alltagssprachlich dazu sagen, *dem Weg der Masse zu folgen* – als seine eigenen Pfade zu suchen und zu finden. Dasselbe gilt, wenn es darum geht, die eigene Vernunft in Anspruch zu nehmen, statt auf die Vernunft anderer zu vertrauen und dieser blind zu folgen. Doch wer sich immer nur im eigenen wohlbekannten Kreis bewegt, der hält sich ein Leben lang selbst zurück und wird sich am Abend des Lebens die Frage von Tolstois Iwan Iljitsch stellen müssen: „Und wenn wirklich mein Leben nicht das richtige gewesen ist?" Ihn wird das Schicksal ereilen, das Thoreau um jeden Preis vermeiden wollte: sich in der Todesstunde inne werden, nicht wirklich gelebt zu haben.

Wie entsteht Unterordnung und wie wirkt sie sich aus?

Wie wir uns fühlen und welche Emotionen wir verspüren, hängt laut Aristoteles u.a. sehr stark davon ab, welches Objekt die jeweilige Emotion in uns hervorruft; und falls das Objekt eine Person ist, dann hängen unsere Emotionen davon ab, wie wir uns dieser Person gegenüber selbst einschätzen. Manche Emotionen treten seiner Auffassung nach nämlich nur auf, wenn wir eine gewisse Inferiorität verspüren und uns der anderen Person unterordnen.

Ausführlich über den Hintergrund von Unterordnung hat Sigmund Freud in seinem Buch *Das Ich und das Es* geschrieben. Unterordnung bezieht sich für ihn dabei nicht nur auf Personen. Wir können uns auch Institutionen, moralischen Dogmas, und anderen *höheren Instanzen* unterordnen. Freud nannte diese höheren Instanzen das Über-Ich. Und dieses Über-Ich war für Freud der entscheidende Faktor, der uns vom Authentisch-Sein abhält und daran hindert, selbstbewusst zu sein. Denn dadurch, dass wir uns einem Über-Ich unterordnen, können wir nicht länger entsprechend unserer echten höchsten intrinsischen Prioritäten, Werte und Überzeugungen leben. Selbstbestimmung und Über-Ich sind kaum kompatibel.

Einfluss hat das Über-Ich auf uns seit dem Anfang unseres Lebens. Eltern, Erzieher, Lehrer, Mentoren, Einrichtungen, und der Staat wirken ausnahmslos auf uns und projizieren ganz unvermeidlich gewisse Werte und Lebensansichten. Dass das auch seine Vorteile hat und sogar überlebenswichtig für uns ist, steht außer Frage. Aber mir geht es hier um etwas anderes, nämlich den Konflikt zwischen unserem zentralen Thema, der Authentizität und dem Selbstbewusstsein, und dem Über-Ich. Sobald das Über-Ich zu stark wird bzw. wir es als zu stark wahrnehmen, müssen wir eingreifen, sofern wir nicht durchwegs fremdbestimmt leben möchten. Heidegger nannte dies ein Leben im *Man*. „Das macht *man* halt so. Das sollte *man* lieber bleiben lassen." Usw. Das Über-Ich macht sich oft durch gesellschaftliche Erwartungen, Imperative in der eigenen Sprache (Muss und Soll sind hier am gängigsten), und Unsicherheit sowie Zwiespältigkeit in den eigenen Überzeugungen bemerkbar.

KAPITEL 4

Ein problematischer Punkt mit Blick auf den Einfluss des Über-Ichs besteht darin, dass wir es uns selbst nicht eingestehen wollen, die Überzeugungen anderer zu leben. Zu hören, dass wir das eigene Leben nach den Vorstellungen von anderen leben, uns den Ansichten der Masse fügen und lediglich im Man existieren und mit dem Strom schwimmen, geht uns an die eigene Ehre. Es fordert die innere Überzeugung heraus, etwas *Besonderes* und einmalig zu sein. Und das nicht zu unrecht. Schließlich gibt es keinen einzigen Menschen, der so ist wie du, und die selben Überzeugungen, Prioritäten und Werte hat. Es gibt keine zwei Menschen, die die Welt auf dieselbe Art und Weise sehen und wahrnehmen. Wenn uns nun vorgeworfen wird, dass wir unsere Individualität nicht ausleben und nur eine Marionette der Gesellschaft oder von bestimmten Vorgesetzten sind, dann ist das auf jeden Fall ein Schlag vor den Kopf. Die eigene Autonomievorstellung scheint dadurch bedroht zu sein.

Einstein hat einmal die Aussage gefällt, dass zur Strafe für seine Autoritätsverachtung, das Schicksal ihn selbst zu einer Autorität gemacht hat. Das ist zwar etwas scharf ausgedrückt, doch die intensive Beschäftigung mit Einstein zeigt, dass er sich sehr stark von der inneren Stimme hat führen lassen. Ob das nun immer gut oder schlecht war, will ich gar nicht beurteilen. Viel wichtiger ist der Blick auf Einsteins Selbstbewusstsein, das durch sein Handeln entsprechend seiner Werte und Überzeugungen sehr klar zum Tragen kommt, und sein stark ausgeprägtes authentisches Selbst, das sich in seinen Aufzeichnungen und seinem Wirken erkennen lässt. Er wusste um seine genialen Fähigkeiten genau bescheid, aber was noch wichtiger ist: er war sich auch seiner anderen Seite bewusst und hat nicht versucht, diese unter den Tisch zu kehren. Seine Transparenz hat ihn zu der Persönlichkeit gemacht, die wir heute noch bewundern, zitieren und mit Hochachtung in Erinnerung behalten.

Einen großen Charakter erkennen wir daran, dass er trotz seinem Umfeld und äußerer Einflüsse sich selbst treu bleibt und den Verlockungen, die ihn von seinem Weg abzubringen versuchen, widerstehen kann. Doch auch Einstein ist in seine Rolle hineingewachsen. Sein Kreis, oder die Kraft seiner individuellen Seele – wie Emerson sagen würde, hat sich nur zügig gerundet und geweitet und die Höhe seiner Frequenz war dadurch enorm.

Wenn wir ehrlich mit uns selbst sind, müssen wir uns fast ausnahmslos eingestehen, es alle mal getan zu haben. Wir haben uns alle mal gewünscht, ein anderer zu sein oder zumindest ein bisschen mehr wie jemand anders zu sein; so auszusehen wie diese Person; seine Leidenschaft, Offenheit, oder Disziplin zu besitzen; seine Fähigkeiten in einem bestimmten Bereich haben zu können; sein Charisma, seine Wirkung auf andere, sein Sex-Appeal, sein Charme, sein Intellekt kopieren und klauen zu können; oder was wir auch sonst bewundert haben. Wenn wir dann etwas älter werden, hören wir zwar immer öfter Sprüche wie „*Ich würde mein Leben um keinen Preis mit jemand anders tauschen*", doch Vergleiche und (unbewusste) Unterordnungen bleiben im absoluten Großteil der Fälle beständig bestehen.

Die Auswirkungen von Unterordnung sind sehr vielfältig. Ängste, Verzweiflung, Unsicherheit, mangelndes Selbstbewusstsein, Prokrastination, und Selbstsabotage durch das Zurückhalten und dem Nicht-Zum-Ausdruck-Bringen dessen, wofür wir auf der Welt zu sein glauben, sind nur einige Symptome der Unterordnung. Ich selbst merke es oft beim Schreiben. In meinem Hinterkopf höre ich hier und da eine leise Stimme, die mir zu verstehen geben will, dass andere viel besser schreiben können als ich – was ich gar nicht abstreiten möchte, und ich es deshalb besser lassen sollte. Die Stimme sagt mir, du hattest schon in der sechsten Klasse eine 6 in einer Deutschschulaufgabe, hast du die Botschaft damals nicht verstanden?

Doch die Liebe zum Schreiben und der Glaube daran, dass zumindest ein einziger Mensch aus diesen Zeilen einen Mehrwert ziehen wird, besiegt diese Stimme jedes Mal. Ich weiß, dass wenn ich mir vornehmen würde, nur zu schreiben, wenn ich so wahnsinnig ergreifend und tiefsinnig wie mein Lieblingsschriftsteller

Dostojewski schreiben könnte, niemals auch nur eine Taste drücken würde. Ich wähle deshalb gezielt, mich was das Schreiben betrifft, zwar von den großen Literaten und Denkern inspirieren zu lassen, aber mich ihnen niemals unterzuordnen. Denn sobald ich damit anfange, so schreiben zu wollen, wie sie es taten, sollte ich keine Taste mehr drücken. Nichts davon würde aus dem eigenen Herzen und Geiste kommen. Es wären nur Zeichen auf einem Papier ohne Seele. Unterordnung erstickt den Genius, der in jedem von uns schlummert.

Nichts tötet so viele Träume und Visionen wie die Unterordnung – unabhängig davon in welchem Feld wir uns bewegen. In seinem Essay über Selbstvertrauen schreibt Emerson, deshalb auch: *„Ich bin beschämt, wenn ich bedenke, wie leicht wir vor Abzeichen und Namen, vor großen Gesellschaften und Institutionen kapitulieren."* Unterordnung ist immer eine Wahrnehmungssache. Wir können wie Newton vorgehen, der von sich gesagt hat, dass wenn er weiter und mehr sehen konnte als andere, dann nur, weil er sich auf die Schultern von Giganten gestellt hat. Oder wir können die Giganten sehen und uns in das eigene Schneckenhaus verkriechen.

Ein sehr gelungenes Beispiel zu diesem Thema liefert uns der bekannte Astrophysiker Neil deGrasse Tyson in einer bewegenden Rede, die er 2006 beim Beyond Belief Forum gehalten hat und die in YouTube unter *Greatest Sermon Ever* gefunden werden kann. Ich werde versuchen, die Kernbotschaft hier widerzugeben, würde allerdings sehr stark empfehlen, die Rede (ca. 10 Minuten) selbst bis zum Ende anzusehen.

Tyson spricht dabei über seine Beweggründe, Astrophysiker zu werden und über die verschiedenen Wahrnehmungen des unbegreiflichen und unendlichen Universums von verschiedenen Personen. Er sagt, dass einige Menschen sich klein und unbedeutend fühlen, wenn sie über den Kosmos kontemplieren und über ihre Rolle im Universum nachdenken. Und im Anschluss daran merkt er an, dass diese Personen mit der *falschen* Wahrnehmung an die Sache herangehen. Mit etwas Ironie erzählt er, dass ein Psychologe der Pennsylvania Universität, der sich auf Dinge spezialisiert, die Minderwertigkeitskomplexe in Menschen hervorrufen und diese insignifikant fühlen lassen, eine Show von ihm gesehen hat, die die Relation der Erde zum gesamten Universum (soweit es uns bekannt ist) demonstriert hat. Daraufhin hat der Psychologe ihm einen Brief geschrieben, mit dem Vorwurf, dass es nichts gäbe, was einen vergleichbaren Minderwertigkeitskomplex in einem Menschen erzeugen könnte, wie die Show. Tyson greift sich an dieser Stelle an den Kopf und sagt, hier muss irgendwas faul sein. Er fragt: „Wie kann es sein, dass wenn der Psychologe einen Blick auf und ins Universum wirft, sich klein fühlt, und wenn ich ins Universum blicke, ich mich dabei groß fühle?" Die entscheidende Botschaft folgt direkt nach der Frage. Tyson erklärt hier, dass die Moleküle in unserem Körper sich auf Phänomene innerhalb des Kosmos zurückführen lassen und wir von unserer Chemie her dieselben Elemente in uns tragen, wie Himmelsgestirne. Er schließt mit der Aussage, dass wir nicht nur im Universum und ein Teil davon sind, sondern viel wichtiger, dass das Universum ein Teil von uns ist.

Ich kann Tyson und vor allem seinem Enthusiasmus mit dieser kleinen Zusammenfassung leider nicht annähernd gerecht werden. Doch mit etwas Vorstellungskraft können wir seine Gedanken, die auf sehr präziser wissenschaftlicher Arbeit beruhen, so einordnen, dass er es geschafft hat, das Universum als ein Teil von sich anzueignen, weil er sogar auf dieser Ebene erkennen konnte, dass das was er wahrnimmt – also das Erkannte – auch in ihm als dem Erkennenden liegt. Und aus diesem Grund fällt für ihn jegliche Unterordnung oder Gefühle von Minderwertigkeit und Klein-Sein weg. Er sieht, dass das von ihm Wahrgenommene ein Teil von ihm und er auch ein Teil des Wahrgenommenen ist. Für ihn ist das Gefühl von Bedeutungslosigkeit deshalb auch unsinnig. Wie Tyson können auch wir unsere Wahrnehmungen wählen und dadurch Einfluss darauf nehmen, wie sich Unterordnung für uns auswirkt und bemerkbar macht. Lassen wir uns durch sie bremsen und von unseren wichtigsten Projekten abhalten oder gehen wir den Weg der Aneignung von wahrgenommener Größe, den auch Newton

KAPITEL 4

und viele andere große Geister gewählt haben?

Unterordnung entsteht dann, wenn wir zu bescheiden sind, uns einzugestehen, dass das Wahrgenommene auch in uns liegt. Wenn wir uns wünschen, jemand anders zu sein oder ebenfalls gewisse Teile und Charakterzüge einer Person zu haben, dann scheitern wir daran, zu erkennen, wo dieser Teil oder die Eigenschaft bereits in uns vorhanden ist. Sobald wir dieses Scheitern überwunden haben, was zugegebenermaßen oft kein leichtes Unterfangen ist, sind wir dem authentischen Selbst und einem stark ausgeprägten Selbstbewusstsein einen großen Schritt näher gekommen.

Ich treffe fast täglich Menschen, die ihren Traum wegen Unterordnung nicht leben. Die Zeichen davon finden wir in den unterschiedlichsten Formen: Der Student, der sich nicht traut in einem Seminar etwas zu sagen, weil er glaubt, die anderen Teilnehmer wären intellektuell fähiger und auf einem anderen Niveau als er. Der ambitionierte Fußballspieler, dem der große Sprung nicht gelingt, weil er sich ständig vergleicht und nicht bedingungslos in die eigenen Stärken vertraut und auf seine Fähigkeiten setzt. Der angehende Schauspieler, der seine Helden auf der Leinwand sieht, und sich einredet oder einreden lässt, der Unterschied wäre zu groß. Das Model, das zwanghaft versucht, so zu sein, wie alle anderen erfolgreichen Models, und daran zugrunde geht. Der Unternehmer, der sich sagen lässt, wieso seine Idee zum Scheitern verurteilt ist, und sie deshalb nicht konsequent weiter verfolgt.

Unterordnung hat sich in jeden Bereich und (fast) jeden Kopf eingeschlichen. Lieben tun wir allerdings den Authentischen, der im Sturm der Stimmen, unbeirrt seinen Pfad verfolgt, sich selbst treu bleibt, auf seine Stimme hört, und das tut, was er aus Überzeugung in seinem Herzen als das Richtige erachtet, auch wenn es sich gegen konventionelle Ansichten und den Zeitgeist richtet.

Ein weiteres stark ausgeprägtes Beispiel für Unterordnung in unserer Gesellschaft, ist die Angst davor Nein zu sagen. Wir fürchten uns davor, abgelehnt und ausgeschlossen zu werden, unsympathisch zu wirken, und den Respekt sowie das Wohlwollen anderer zu verlieren, wenn wir das Wort Nein in den Mund nehmen. Und so tischen wir uns oft Dinge auf, die wir weder gerne machen, noch die uns weiterbringen. Wir hoffen, dass unser scheinbar selbstloses Verhalten dem *Deligierer* gefällt, es uns honoriert wird und wir dadurch irgendwann in eine vorteilhaftere Situation gelangen. Dieser Fall kann auch eintreten. In bestimmten Situationen ist es sicherlich ratsam, in Vorleistung zu gehen, die extra Meile auf sich zu nehmen und kein Nein von sich zu geben. Wenn sich uns seltene und besondere Möglichkeiten und Türen auftun, wir mit wenig Erfahrung von Koryphäen und gestandenen Persönlichkeiten lernen dürfen, oder für eine begehrte Stelle Probe arbeiten, macht es auf jeden Fall Sinn, alles dafür zu geben. Doch wenn wir nicht Nein sagen, aus Angst vor Ablehnung, dann stellt uns die Unterordnung ein Bein. Denn wie bereits angesprochen, müssen wir bedenken, dass jedes Mal, wenn wir Ja zu etwas sagen, wozu wir gerne Nein sagen würden, sagen wir auch Nein zu etwas, wozu wir gerne Ja sagen würden.

Die Angst vor der Ablehnung entsteht nur bei Personen, denen wir uns unterordnen. Bei jemandem, dessen Urteil uns nicht sonderlich wichtig ist, fällt es uns um einiges leichter, ein klares Nein zu sagen. Die Aneignung des verleugneten Charakterzugs der Person, der wir uns unterordnen, nimmt uns die Angst vorm Nein-Sagen. Dadurch brechen wir auch aus dem Muster aus, dass uns ständig etwas delegiert wird, nur weil wir stets Ja sagen. Das ist jetzt natürlich etwas pauschal gesprochen. Es gibt oft Situationen, die eine Vorgeschichte haben, die mit komplizierten zwischenmenschlichen Beziehungen zusammenhängen, oder bei denen andere Faktoren eine Rolle spielen. Nur noch auf sich selbst zu achten, und die Interessen anderer auszublenden, führt zu keinem erstrebenswerten (Arbeits-)Klima. Sich unterzuordnen, wenn kein klar erkennbarer Nutzen damit verbunden ist, außer dass wir unserer Wahrnehmung nach das Wohlwollen anderer nicht verlieren, ist genauso wenig zielführend. Selbstbewusstsein hilft enorm dabei, in angebrachten Situationen bestimmt Nein zu sagen, und mit der Entscheidung gut leben zu können. Seine Prioritäten genau zu kennen und nach diesen zu leben, führt schon allein dazu, dass man nicht als ideales *Delegier-Opfer* identifiziert wird.

Ich will noch eine letzte Unterscheidung in diesem Unterpunkt einführen, die ich als äußerst wichtig erachte. Diese besteht zwischen dem gesunden Versuch, sich jeglicher Unterordnung zu entziehen und der krampfhaften Maxime *Ich lasse mir von niemanden etwas sagen*. Wie schon gesagt, hat ein Über-Ich auch einen hohen Wert. Es gibt uns Orientierung und vermittelt uns gesellschaftliche Normen, die uns vor Ächtung unseres Umfelds bewahren. Je nachdem in welcher Form das Über-Ich auftritt – Familie, Schule, Kirche, Staat oder eine andere Institution, kann es einen äußerst prägenden Einfluss auf uns haben. Das ist vor allem in jungen Jahren der Fall. Im Teenager Alter durchlaufen dann viele eine pubertäre Phase, in der eine gewisse Auflehnung gegen das Über-Ich nicht sonderlich abwegig ist. Hier wird die Maxime *Ich lasse mir von niemanden etwas sagen* gerne mal ausgetestet. Wir beginnen gewisse Werte-Vorstellungen und Überzeugungen, die uns beigebracht wurden, zu hinterfragen und fangen zunehmend damit an, uns eigene Gedanken zu machen und eigene Überzeugungen zu bilden. Diese sind auch dann natürlich noch vom Umfeld beeinträchtigt. Ein Inder wächst zum Beispiel in ganz anderen gesellschaftlichen Verhältnissen mit anderen Werten und religiösen Überzeugungen auf, als es bei uns in Deutschland in den meisten Familien der Fall ist. Da bleiben gewisse Grundüberzeugungen und Werte einfach oft bestehen. Wichtig für das Thema dieses Buches ist es jedoch, dass wir nicht als *Kopfloser* – wie Parmenides sagen würde, der sich keine eigenen Meinungen und Gedanken zu bilden wagt, durchs Leben gehen und uns in unseren schwachen Stunden eingestehen müssen, dass wir nichts anderes sind, als ein Spielball jener Menschen, die selbstbestimmt, selbstbewusst und authentisch über den Erdball wandeln.

Nietzsches Gedanke, dass der Schüler seinem Lehrer keinen Gefallen tut, wenn er ein Leben lang der Schüler bleibt, kann hier als guter Leitfaden genutzt werden. Robert Greene hat diesen Gedanken in seinem Werk *Mastery* weiterverfolgt und untersucht. Er ist dabei zu dem Schluss gekommen, dass die großen Pioniere ihrer Felder, und Persönlichkeiten, die in die Geschichte eingegangen sind und für viele als Vorbilder gelten, sich zunehmend vom Über-Ich gelöst haben, ohne der Auffassung zu sein, dass ihnen nun niemand mehr irgendwas sagen könne. In ihren grundlegenden Prinzipien waren sie wie ein Baum, der extrem tiefe und feste Wurzeln besaß, an denen kaum zu rütteln war. Sie haben die Welt auf ihre Art und Weise gesehen und versucht, sie durch ihre Visionen zu formen. Einen Anspruch von Absolution hatten sie dabei allerdings nicht. Sie wollten stets lernen, die Ansichten von anderen großen Geistern zu hören kriegen, um ihre eigene Denkweise kritisch hinterfragen und reflektieren zu können. Sie haben es geschafft, eine Balance zu finden, die aus stark ausgeprägtem Selbstbewusstsein, authentischem Handeln und dem offenen Blick für den anderen bestand.

Die Rolle von Vergleichen

Es war Karl Lagerfeld, der mal sagte, dass die Persönlichkeit da anfängt, wo Vergleiche aufhören. Das Vergleichen beginnt in unserer Gesellschaft oft schon sehr früh und scheint ganz normal zu sein. In der Schule fangen wir an, unsere Noten zu vergleichen. Im Sport wird die Schnelligkeit verglichen. Und beim Teamsport wird auch nach dem Training unter der Dusche verglichen. Selbst Pinguine vergleichen, wer die größten und meisten Steine gesammelt hat und die Weibchen selektieren entsprechend bei der Paarung. Der Schnellste oder Klügste in der Klasse oder im eigenen Umfeld zu sein, steigert das Selbstwertgefühl und macht einen attraktiv und begehrenswert. Leistung wird ganz groß geschrieben. Wer leistet, ist gefragt. Ohne jeglichen Leistungsgedanken wäre der Fortschritt nicht annähernd so rapide, wie es bei uns in Deutschland der Fall ist. Wettbewerb hält uns auf Trab, lässt uns wachsam bleiben und spornt uns an, die eigenen Ansprüche immer wieder selbst zu übertreffen. Ohne den Vergleich würden wir uns schwer tun, uns selbst einschätzen zu können. Es hilft uns, einen realistischen Eindruck des Selbstbilds zu formen, obwohl dieses meistens zum Positiven für uns verzerrt ist. Wir glauben gerne, besser Auto fahren zu können, attraktiver zu sein und im Bett länger und besser zu performen, als der *Durchschnitt*. Der Vergleich ermöglicht uns, Messlatten zu setzen und die eigenen Fähigkeiten einzuordnen. Der Vergleich hat aber auch seine Kehrseite. Er kann uns kaputt machen; uns jegliches Selbstvertrauen rauben; und uns das Gefühl eines Nichtsnutzes geben, wenn wir es erlauben.

Das größte Problem mit Vergleichen ist oft, dass wir jemanden sehen, der heute als extrem erfolgreich erachtet wird. Wir sehen sein Resultat, seinen Ruhm, seinen Lifestyle. Und wir messen uns genau damit. Wir blenden dabei schnell aus, dass die Person Jahr für Jahr hart an einer Sache gearbeitet hat, ohne dafür anerkannt zu werden und ohne auf der Bildfläche aufzutauchen. Und weil das Resultat so übermächtig wirkt, wenn der Weg nicht mit in Betracht gezogen wird, glauben wir, niemals auch nur annähernd in der Lage zu sein, etwas derartiges leisten zu können. Dinge zu stemmen, die für andere als übermenschlich wirken mögen, gelingt sowieso nur dann, wenn wir unseren eigenen Werten und Prioritäten entsprechend leben, dadurch das nötige Selbstbewusstsein entwickeln und es wagen, immer größere Ziele und Visionen in Angriff zu nehmen. Das Lebenswerk einer anderen *großen Person* nachzuahmen, kann nicht klappen. Das starke Warum fehlt, das uns die Langatmigkeit und den Willen verleiht, nicht aufzustecken, Rückschläge als Ansporn zu betrachten und den anvisierten Weg nicht aus den Augen zu verlieren. Emerson hat auch diesen Gedanken wunderbar treffend formuliert, als er schrieb: *„Bleib du selbst; ahme niemals nach ... jeder große Mensch ist einzigartig."*[7] Ein guter und wirklich hoch intelligenter Freund von mir hat mal für

---

7 Im Original: „Insist on yourself; never imitate ... Every great man is unique."

ein Jahr in Cambridge studiert. Er selbst ist im akademischen Raum schon seit Schulzeiten immer ein Überflieger gewesen und war es gewohnt, die besten Noten zu kriegen. Nach seinem ersten Halbjahr an der renommierten Uni haben wir uns abends mal zum Austausch getroffen und ich wollte alles über seine Eindrücke und Erfahrungen hören. Er hat mir viel vom imposanten Ambiente, den tollen Möglichkeiten und Kontakten und dem Studentenleben erzählt. Besonders hellhörig wurde ich, als er davon sprach, wie unglaublich fähig seine Kommilitonen und Professoren dort sind und was diese in jungen Jahren schon alles geleistet haben. Er meinte, dass man sich da schnell mal die Frage stellt, was man selbst bisher aus seinem Leben gemacht hat und sich durch den Vergleich eingestehen muss, dass dies doch relativ wenig sei. Das aus seinem Mund zu hören, hat mich etwas stutzig gemacht, da er selbst schon enorm viel auf die Beine gestellt hat.

Bei seiner Einführungsveranstaltung hat die Jahrgangsleiterin den neuen Studenten den folgenden sehr interessanten Rat mit auf den Weg gegeben. Sie meinte: „Ihr befindet euch hier in einem einmaligen Umfeld mit sehr speziellen Mitmenschen. Einige von ihnen mögen einen extrem intelligenten und begabten Eindruck machen, der schnell einschüchternd wirken kann. Viele sind tatsächlich auch außergewöhnlich gut, in dem was sie tun, weswegen sie auch hier sind. Das Umfeld kann schnell dazu führen, sich selbst für klein und unfähig zu halten. Es kommt nicht selten vor, dass Studenten hier durch das ständige Vergleichen ausbrennen und sich dadurch selbst soviel Druck machen, dass sie daran zerbrechen. Viele reden sich ein, immer noch mehr und noch mehr zu lernen, zu schreiben, zu produzieren und zu leisten, dass sie dadurch letztendlich nur weniger zu Stande bekommen. Lasst euch nicht von eurem Umfeld beirren und konzentriert euch einfach auf euch selbst, dann kriegt ihr das auf jeden Fall gut hin hier bei uns."

Einen beinahe identischen Gedanken fasst Malcolm Gladwell in seinem Buch *David & Goliath* auf. Er schreibt, dass viele amerikanische Schüler, die an ihren Schulen zu den besten gehört haben und dann an Ivy League oder an andere sehr renommierte Universitäten zum Studieren gegangen sind, in schwere persönliche Krisen und Selbstzweifel geraten sind und stellenweise sogar das Studium abgebrochen haben. Sie waren so sehr daran gewöhnt, das Maß aller Dinge zu sein, dass sie sich mit dem Mittelmaß – oft trotz höherem Einsatz – nicht abfinden konnten. Das Vertrauen in die eigenen Fähigkeiten ist dadurch geschwunden, dass ihnen bewusst wurde, dass es noch sehr viele andere und in dem jeweiligen Bereich auch bessere Studenten gibt. Studentenberatungen empfehlen deshalb häufig jungen Schülern, die gerade dabei sind die Schule abzuschließen, sich für ihren Undergraduate-Studiengang auf eine gute, aber nicht übermäßig renommierte und teure, Universität einzuschreiben, in der sie weiterhin zu den besseren Studenten gehören. Dort würden sie mehr aufgehen, Selbstvertrauen tanken können und schließlich bei wirklichem Interesse ihr weiterführendes Studium an einer Ivy League Uni absolvieren. Um dem enormen Druck, der durch Vergleiche schnell entstehen kann, standhalten zu können, erfordert es ein starkes inneres Gefestigt-Sein, das vor allem runde Kreise mit sich bringen. Viele verleugnete Teile führen zu vielen Vergleichen, die einen schnell aus der Bahn werfen können. Wer selbstbewusst und weitgehend authentisch ist, der lässt sich nicht durch die Leistungen anderer beirren und von seinem eigenen Weg abbringen.

Abraham Lincoln hat es sehr schön formuliert, als er sagte, dass es nicht nobel ist, morgen besser als andere zu sein, sondern, dass es nobel ist, danach zu streben besser zu sein, als man selbst gestern war. Der flüchtige Blick auf die anderen ist sicherlich hin und wieder sinnvoll in bestimmten Bereichen. Es kann inspirieren, zum Abgleich dienen, und den eigenen Standpunkt leichter ermitteln. Doch es sollte nie zu Verzweiflung, zum Aufgeben oder zu Selbstminimierung führen. Grundsätzlich ist es allerdings so, dass wenn wir uns aufgrund eines Vergleichs entmutigen lassen und aufhören unsere Träume zu verfolgen, dann haben wir den Traum eines

Über-Ichs verfolgt, uns jemandem untergeordnet, und versucht, das Ziel eines anderen Menschen zu leben. Das kann nicht gelingen. Wer selbstbewusst und authentisch lebt, der konkurriert nicht wirklich mit irgendjemand anders. Er erkennt, dass das Vergleichen zu nichts führen kann. Denn wie könnte der eigene einmalige Weg, der eingeschlagen wurde, von einem anderen gelebt werden?

Schuldgefühle und Scham

Es gibt einige Faktoren, die in Betracht gezogen werden müssen, wenn wir das heutige Verhalten einer Person verstehen möchten. Umfeld, Erziehung, Erfahrungen und viele weitere Punkte beeinflussen und machen sich in unserem Handeln bemerkbar. Zwei weitere entscheidende Aspekte sind Schuldgefühle und Scham. Sie haben einen erheblichen Einfluss auf unsere Verhaltensweisen. Durch Schuldgefühle, die stets mit dem zusammenhängen, was in unserer Vergangenheit liegt, beeinträchtigen wir oft das, was vor uns liegt. Wir verfallen dem Glauben, dass wir es aufgrund vergangener Handlungen nicht Wert sind, in zukünftigen Angelegenheiten das zu bekommen, zu haben oder zu sein, was wir gerne hätten bzw. wären. Wir glauben: nur weil wir unserer Wahrnehmung nach mal etwas *Schlechtes* getan haben, das *Gute* für uns zukünftig tabu ist. *Schuld* ist ein ganz großer Feind des Selbstwertgefühls. In der Finanzpsychologie heißt es fast durchwegs, dass Schuld einer der treibenden Faktoren ist, die Menschen davon abhält, Wohlstand aufzubauen. Der Grund dafür ist, dass sie dem Glauben erliegen, es nicht verdient zu haben und es schlichtweg nicht wert zu sein. Ereignisse, von denen wir glauben, dass sie durch unser Handeln oder Nicht-Handeln, einer anderen Person mehr Schaden als Nutzen, mehr Leid als Freude zugefügt haben, sind ausschlaggebend für diesen Glauben. In seiner *Rhetorik* spricht Aristoteles deswegen auch davon, dass Schuld etwas ist, das immer zurückblickend empfunden wird und dadurch entsteht, dass wir überzeugt davon sind, einer oder mehreren Personen mehr Last als Hilfe, mehr Feind als Freund, mehr Schmerz als Wohlgefühl, mehr Negatives als Positives und mehr Schaden als Nutzen zugefügt zu haben bzw. gewesen zu sein. Diese Wahrnehmung beeinflusst unser heutiges Tun enorm. Wir haben es bewusst oder unbewusst stets in unserem Hinterkopf und sabotieren uns dadurch selbst. Menschen, die viel Schuldgefühl mit sich herumschleppen, sehen sich als unwürdig für viele Dinge an; unwürdig geliebt zu werden, glücklich, wohlhabend und gesund zu sein, etc.

Schuld gibt sich oft auch in stark ausgeprägtem Altruismus zu erkennen. Wer das Gefühl hat, früher einmal des Öfteren mehr genommen zu haben, als er gegeben hat und dadurch das Verhältnis von Geben und Nehmen in ein Ungleichgewicht gebracht hat, der versucht dies oft dadurch zu kompensieren, dass er mehr gibt, als er nimmt. Damit soll natürlich auf keinen Fall dafür plädiert werden, dass alle Menschen, die ehrenamtlich oder ohne Entgelt Arbeit verrichten, etwas zu kompensieren hätten oder viele Schuldgefühle besäßen. Viel mehr geht es darum, sein eigenes Verhalten kritisch zu reflektieren und sich die Frage zu stellen, inwieweit Taten und Aussagen aus der Vergangenheit, die ein schlechtes Gewissen in uns hervorrufen, sich auf unser jetziges Verhalten auswirken. Und Hand in Hand damit geht die Frage, ob wir aus diesem Muster ausbrechen möchten, uns erlauben, frei von unseren Wahrnehmungen zu werden, oder uns weiterhin davon treiben lassen und somit womöglich unser Selbstwertgefühl und zukünftiges Glück aufs Spiel setzen.

Schuld, sowie Scham, findet seinen Ursprung immer in der eigenen Wahrnehmung. Unterordnung kann diese Wahrnehmung zusätzlich beeinflussen. Oftmals hat die Person, der wir uns gegenüber schuldig fühlen, das Ereignis ganz anders wahrgenommen und hat die Sache schon lange abgehakt, während wir uns Jahre danach noch schuldig fühlen. Selbst wenn dies nicht der Fall ist, führt unsere Sicht der Dinge immer noch zu dem Gefühl des Schuldigseins. Wer Schuld überwinden möchte, tut gut daran, nach der anderen Seite des Ereignisses zu suchen und zu fragen: „Wie konnte die Person, der wir unserer Ansicht nach Schaden, Leid und Schlechtes angetan haben, davon profitieren – sprich, wo ist die Kehrseite des Ereignisses?" (Diese Frage soll unter keinen Umständen zu einer dostojewskischen These und einem ethischen Ansatz von *Alles ist erlaubt* führen, wie sie Raskolnikow in *Schuld und Sühne* verfolgt und stellenweise auch lebt. Wir können nicht willkürlich durchs Leben gehen, ohne Rücksicht auf andere, tun und lassen wie es uns gerade schmeckt, und anschließend einfach fragen bzw. behaupten, die anderen hätten davon genauso stark profitiert, wie sie gelitten haben. Das würde jegliches gesellschaftliches Leben unmöglich machen.)

Es geht mir mehr darum, durch einen Wandel der Wahrnehmung eine Last des Lebens zu mildern, eine neue Sichtweise zu gewinnen, ein selbsterbautes Gedankengefängnis zu zertrümmern und Zuversicht für die eigene Zukunft zu gewinnen. Was hinter uns liegt, sollte nicht das, was vor uns und was in uns liegt, verbauen und zurückhalten. Ein aufrichtiges Interesse daran sein Leben selbstbestimmt in die Hand zu nehmen, mit Vergangenem in Dankbarkeit abzuschließen, um den Blick frei und unbeschwert nach vorne richten zu können, und die Mitmenschen als Zweck statt als Mittel zu sehen, hilft uns dabei Schuld durch einen Ausgleich der eigenen Wahrnehmung aufzulösen, um verlorenes Selbstwertgefühl zurückerobern zu können, und Geben und Nehmen in Einklang zu bringen.

Schuld, die oft auch durch Unterordnung von Ansätzen moralischer und/oder religiöser Autoritäten entsteht, kann dem Authentisch-Sein sowie unserem Selbstbewusstsein oft ein übler Gegenspieler sein. Wir können ohne Schuldgefühle durchs Leben gehen, und trotzdem ein moralisches Gewissen haben, das uns davor bewahrt, Dinge zu tun, die wir selbst nicht Gutheißen können und wollen. Die Abwesenheit von Schuld führt nicht zur Abwesenheit der Vernunft.

Neben der Schuld, wirkt sich auch das Gefühl von Scham auf unser Handeln, unsere Authentizität und unser Selbstbewusstsein aus. Wie die Schuld, liegt auch Scham in der Vergangenheit und hängt mit anderen Personen zusammen. Das Tückische am Scham ist die Assoziation, die dadurch entstehen kann. Wenn uns eine Sache passiert ist, für die wir uns in Grund und Boden geschämt haben, dann kann das schnell dazu führen, dass wir dieser Sache in Zukunft aus dem Weg gehen, um weitere Schamgefühle zu vermeiden. Nehmen wir z.B. an, wir wollten in jungen Jahren mal eine neue Fertigkeit erlernen, wie ein Instrument spielen können, Singen, oder eine neue Sportart zu meistern. Beim ersten Versuch singen wir mit Freude und vollem Elan, bis wir einen hohen Ton nicht treffen und einen völlig schrägen Laut von uns geben, der die Blicke aller Beteiligten auf uns zieht. Wir laufen rot an und würden am liebsten im Erdboden versinken. Der dadurch entstandene Scham kann dazu führen, dass wir von dem Zeitpunkt an nicht mehr vor Leuten singen, weil wir stets diese Erfahrung damit assoziieren.

Scham entsteht nur dann, wenn wir dem Urteil der anwesenden Leute einen hohen Wert zuschreiben. Wie bei der Schuld, können wir auch beim Scham an unserer Wahrnehmung arbeiten, um die negative Assoziation, die uns aus Selbstschutz von manchen Handlungen abhält, zu durchbrechen. Hier können wir die ausgleichende Frage vom Objekt aufs Subjekt verlagern, und uns selbst fragen, wie wir davon profitieren konnten, vor allem hinsichtlich unserer wichtigsten Werte und Prioritäten und unserer größten Ziele.

Kapitel-Highlights

- Nichts zerstört so viele Träume und Visionen wie die Unterordnung.
- Unterordnung entsteht dadurch, dass wir zu bodenständig sind, eine Sache oder Eigenschaft, die wir im anderen wahrnehmen und bewundern, auch in uns selbst wahrnehmen.
- Authentisch-Sein und Selbstbewusstsein gehen nie Hand in Hand mit Unterordnung.
- Der Vergleich hält uns davon ab, den vollen Fokus auf den eigenen Weg zu richten und diesen mit Entschlossenheit und letzter Konsequenz zu gehen.
- Gefühle von Schuld und Scham wirken sich auf unser heutiges Verhalten aus und können uns davon abhalten, unser Morgen selbstbestimmt zu gestalten.

Kapitel 5: Die Opfer-Strategie

"Niemand kann mir ohne meine Erlaubnis weh tun."
Epiktet

Es gibt verschiedene und nicht wenige Gründe, die eine *Opferrolle* attraktiver machen, als der erste Blick erahnen lässt. Ich durfte sowohl auf privater-persönlicher Ebene, als auch im beruflich-professionellen Kontext einige Fälle miterleben, in denen Individuen vehement an dieser – zum Teil selbst zugeschriebenen – Rolle festgehalten haben. Wer sich in eine derartige Rolle versetzen lässt und dort bleibt, der hat immer ein Motiv dafür. Das Motiv ist oft versteckt und soll unerkannt bleiben, da sonst die Strategie nicht länger greift. Bevor ich hier etwas voreilig auf die zentralen Punkte des Kapitels eingehe, ohne die nötige Grundlage dafür gelegt zu haben, will ich noch auf den ziemlich negativ konnotierten Begriff des Opfers eingehen.

Das Wort *Opfer* wird in unserer Alltagssprache bis auf wenige Ausnahmen als etwas Schlechtes bzw. Schlimmes stellenweise sogar etwas Beleidigendes gesehen und gebraucht. Vorrangig Jugendliche nutzen den Begriff gerne auch als Schimpfwort. „Du Opfer", „so ein Opfer" und ähnliche Ausdrucksweisen sind keine Mangelware auf Pausenhöfen, Sportplätzen und im Nachtleben. Opfer soll dabei die Minderwertigkeit und die Verachtung des Beleidigten hervorheben. Es soll klar zum Ausdruck kommen, dass die Person geringgeschätzt wird und der Beleidiger sich über ihn stellt, oder sagen wir lieber, stellen möchte.

Die gängigsten Verwendungen des Begriffs beziehen sich auf Situationen, in denen für Personen ein Schaden entstanden ist, für den diese meist nichts können. Wir stellen gerne die These auf, dass sie unverschuldet in eine missliche Lage geraten sind. Beispiel hierfür wären Kriegsopfer, Verkehrsopfer, Tatopfer, und Katastrophenopfer. Nur in wenigen Fällen können wir dem Begriff etwas Positives abgewinnen. Lediglich wenn wir davon sprechen, dass ein Opfer gebracht wurde, sei das im religiösen Kontext, im Berufsleben oder bei Spielen wie zum Beispiel Schach, in denen das Opfern einer Figur, zu einer besseren Position oder gar zum Sieg führen kann, hat das Opfer zumindest dadurch, dass es Mittel zu einem höheren Zweck wird, einen positiven Beigeschmack. Aufgrund unserer Geschichte in Deutschland hat der Begriff in unserer Sprache eine ganz spezielle und heikle Note. Deswegen will ich auch vorab klar anmerken, dass ich bei der Auseinandersetzung mit Opfer-Strategien und Opfer-Rollen unter keinen Umständen eine Wertung in den Begriff bringen möchte, ihn nicht auf die leichte Schulter nehme und ihn auch nicht relativiere. Mir geht es vorrangig darum, genauer darzulegen und zu diskutieren, wieso jemand sich diesen Begriff selbst zuschreiben würde, wieso er die damit verbundene Positionierung und Rolle einnehmen und sie nicht aufgeben möchte und wie sie als gezielte Manipulierung anderer genutzt wird.

Was heißt es, sich in eine Opferrolle zu begeben? Wenn uns etwas widerfahren ist, das wir oder unsere Mitmenschen als tragisch einstufen, dient das als Steilvorlage dafür, sich als Opfer zu sehen. Wir können uns als Opfer des Schicksals und der Natur, als Opfer eines anderen Menschen, als Opfer der Zeit und gewisser Umstände, als Opfer bestehender Systeme, und als Opfer unseres physischen Körpers einstufen. „Die Welt ist einfach gegen mich", und „nichts läuft so wie ich es will", glauben wir das Zentrum einer Verschwörung zu sein, die sich ausschließlich gegen uns richtet. In eine Opfer-Rolle begeben wir uns dann, wenn wir alle Ursachen unserer Situation von uns abweisen und an anderen Stellen sehen und suchen. Den Schuldigen bzw. die Schuld für unsere Lage, unsere Gefühle, unser Leid sehen wir nur in unserer Außenwelt. Uns wurde etwas angetan, wir sind das Opfer, und wir haben absolut nichts damit zu tun – so lautet die Denkweise hier. Jeglicher Eigenverantwortung für unsere Umstände entziehen wir uns.

Dadurch können wir der Opfer-Rolle nicht entkommen; sofern wir das überhaupt möchten.

Eine äußerst inspirierende Ansicht hierzu hat der bereits erwähnte Viktor Frankl. Er hätte jeden Grund gehabt, sich den Rest seiner Tage als ein Opfer zu sehen, dem Leid zugefügt wurde, ohne dass er auch nur im Geringsten etwas dafür konnte. Er hat seine Frau und Familie in den Konzentrationslagern verloren, war lange Zeit von seiner Arbeit getrennt und wurde seinen Berichten zur Folge nach auf unmenschliche Art und Weise behandelt. Wie kann es sein, dass so ein Mann, dem so viel genommen wurde, zu einem Symbol der Hoffnung für unzählige Menschen wurde, zahlreiche vor dem Selbstmord bewahrt hat und etlichen weiteren durch seine Ansichten dabei geholfen hat, das eigene Leben wieder bejahen zu können?

Frankl hat eine sehr weise Unterscheidung eingeführt, an die ich wirklich täglich denke und in mein Handeln zu integrieren versuche. Er schreibt und hat in vielen Vorträgen davon gesprochen, dass uns allen immer wieder schlimme Dinge widerfahren, die uns verletzen und körperlich sowie psychisch weh tun. Wir können oft nicht verstehen, wieso diese Dinge geschehen und wieso sie gerade uns passieren müssen. Wir hadern mit dem Leben und mit Gott, und bewerten das Leben als unfair oder als *miesen Verräter*.

Frankl hat all das, was wir erleben, was wir durchstehen müssen und womit wir zu kämpfen haben, als einen Reiz bezeichnet. Unseren Umgang mit dem jeweiligen Reiz, nannte er die Reaktion darauf. Frankl hat seine Stärke, die sich auf andere übertragen und ansteckend auf sie gewirkt hat, aus der Einsicht gezogen, dass sich zwischen jedem Reiz und jeder Reaktion ein schmaler Spalt befindet, der uns selbstbestimmt entscheiden lässt, wie wir auf den Reiz reagieren möchten. Frankl hat die These aufgestellt, dass dieser Spalt den letzten und höchsten Grad der menschlichen Freiheit darstellt, der uns von niemandem genommen werden kann. Er meinte, dass ganz egal was ihm im Leben widerfährt und widerfahren ist, kann er trotzdem wählen und selbst entscheiden, wie er das einordnen möchte, wie er damit umgehen will und wie er seine Lebensansicht weiterhin ausrichten wird. Zu seiner Zeit in Auschwitz hat er einmal festgehalten, dass er irgendwann an einen Punkt kam, wo er die Erkenntnis für sich gewann, dass die Wärter und das System ihm zwar alles Materielle nehmen können, aber niemals seinen Verstand und sein Herz. Frankl hat es nicht zugelassen, dass ihm jemand eine Rolle zuschreibt und die Verantwortung entzieht. Er hat es entschieden abgelehnt, sich als Opfer zu sehen, hat Verantwortung für seine Sicht der Dinge und Beurteilung des Geschehenen übernommen, und bis zu seinem Lebensende seine Ziele verfolgt und ein Leben mit Sinn und Bedeutung geführt.

Das Problem des *Story-Tellings*

Ich weiß, dass nicht jeder Viktor Frankl ist, dass jeder seine eigene prägende Geschichte hat und jeder seine eigenen Gründe und Motive für sein Handeln und die getroffenen Entscheidungen besitzt. Dass jeder Mensch einen anderen Hintergrund hat, und die Welt durch seine Augen sieht und wahrnimmt, macht das Leben unfassbar faszinierend. Denn wie Emerson schon gesagt hat, ist uns dadurch jeder Mensch in irgendeiner Sache überlegen, und dadurch können wir von ihm lernen. Gleichzeitig macht die Individualität allgemeingültige Ansätze und Gedanken, die von einer universalistischen Geltung sein sollen, zur einer äußerst herausfordernden Angelegenheit. Ich muss hierbei oft an einen meiner Lieblingsfilme *Good Will Hunting* denken und habe die geniale Szene zwischen Robin Williams und Matt Damon im Park vor Augen, die ich unbedingt zu sehen empfehlen würde. Nachdem das von Matt Damon gespielte Genie Will Hunting aufgrund eines Aquarells versucht hat, das Innenleben des Psychologen von Sean Maguire (Robin Williams) zu deuten und glaubt, ihn verstanden und durchschaut zu haben, denkt Sean tief und lange über das Gesagte nach. Schließlich geht er mit Will auf einen Spaziergang in den Park, wo sie sich auf einer Bank niederlassen. Das Blatt wendet sich nun und Sean beginnt, den Waisen Will zu lesen. Der entscheidende Satz fällt, als Sean sagt: *„Meinst du, ich weiß auch nur irgendetwas darüber wie dein Leben verlaufen ist, was in dir vorgeht, wer du bist, nur weil ich mal Oliver Twist gelesen habe?"* Sich selbst zu kennen und zu verstehen, ist eine der größten Herausforderungen im Leben. Eine andere Person zu kennen und zu verstehen, ist noch einmal eine andere Hausnummer.

Der Grund wieso ich das erwähne, ist, noch einmal klar hervorzuheben, dass ich beim Aufstellen der folgenden Thesen in diesem Kapitel, die womöglich kritisch gesehen und sogar etwas kontraintuitiv und provokativ erscheinen könnten, mir unter keinen Umständen anmaßen würde, jede Situation, individuelle Geschichte und traumatische Erlebnisse perfekt abdecken und dem zu 100% gerecht zu werden. Mein Ziel ist es, generelle Verhaltensmuster und Handlungsstrategien darzulegen, sie zu analysieren und darüber Aufschluss zu geben, wieso sie auftreten und woran sie uns oft im Leben hindern.

Beginnen wir die genauere Untersuchung über das Problem des Geschichten-Erzählens, in denen wir uns als Opfer sehen, und daran festhalten wollen, mit ein paar Beispielen. Mein jüngster Bruder wird mir verzeihen, dass ich ihn hier als erstes Beispiel nehme. Während er ein Auslandsjahr in Kapstadt verbrachte, um Englisch zu lernen und eine internationale Schule vor Ort zu besuchen, wurde er mit einem Freund auf dem Nachhauseweg von der Schule von zwei Farbigen überfallen. Beide blieben unverletzt. Seinem Freund wurde das Handy geklaut.

Ich will das Ereignis nicht herunterspielen. Es war zweifelsohne keine Erfahrung, die man irgendjemandem wünschen würde und sie hätte auch schlimmer ausgehen können. Die Sache ist passiert und lässt sich nicht mehr ändern. Das Einzige, was im Anschluss an ein derartiges Erlebnis noch geändert werden kann, ist unsere Beurteilung und Wahrnehmung davon; unsere Entscheidung, wie wir auf den Reiz reagieren möchten. Natürlich gibt es hier unzählige Optionen. Das freie Herumlaufen voll und ganz meiden. Farbige Leute als Kriminelle verurteilen und ihnen aus dem Weg gehen. Die

Auslandszeit frühzeitig abbrechen; usw. Mein Bruder ist wirklich beachtenswert mit der Geschichte umgegangen und hegt keinerlei Groll gegen das Land, irgendwelche Personen oder sonst etwas. Gleichzeitig hat er sich aber auch keine Gelegenheit entgehen lassen, die Geschichte anderen zu erzählen. Und ein großes Problem beim Story-Telling ist, je mehr wir unsere Geschichte erzählen und darüber sprechen, umso mehr wird sie dramatisiert und umso mehr entfernen wir uns von den Fakten, dem eigentlichen Geschehen, bis wir beginnen unsere überdramatische Geschichte selbst zu glauben. Ich habe innerhalb weniger Wochen fast ein dutzend Versionen der Geschichte gehört und sie wurde zunehmend filmreifer, mit neuen Details ausgeschmückt und steileren Spannungskurven erzählt. Es kann dadurch schnell passieren, dass wir auf der Geschichte beharren, uns in der Opfer-Rolle immer wohler fühlen und die *Bösen* immer schlimmer darzustellen beginnen. Die Rolle bringt nämlich nicht wenige Vorteile mit sich. Sie gibt uns Aufmerksamkeit, sie ruft Mitleid in anderen hervor, sie gibt uns nach außen hin, einen berechtigten Grund zu leiden, uns schlecht zu fühlen und diverse Ausreden für die verschiedensten Dinge zu haben. Eine Opfer-Rolle kann sehr bequem sein.

Das nächste Beispiel bezieht sich auf eins der größten Felder von Opfer-Strategien und -Rollen: die Familie. Ich durfte durch meine eigenen Seminare und bei externen Weiterbildungen einige Fälle von *Opfer- und Täter-Rollen* sowie den gezielten strategischen Umgang damit miterleben. Zwei Fälle haben dabei einen besonderen Eindruck bei mir hinterlassen. Der erste davon spielte sich in Südafrika ab. Bei einem intensiven fünf Tage Seminar in Johannesburg wurde am vierten Tag eine mitte-dreißig-jährige blonde Frau eingeladen. Sie saß in einem Rollstuhl, wirkte geistig abwesend und mied den Blickkontakt mit den Teilnehmern. Bis vor einigen Monaten konnte sie noch laufen. Doch an einem verhängnisvollen Abend brachen drei Männer bei ihr ein, nahmen einige Wertsachen mit, versuchten sie zu vergewaltigen, und als sie daran scheiterten, schossen sie ihr in den Rücken, was zu ihrer Querschnitzgelähmtheit führte.

Seit dem Tag an betrachtete sie sich selbst als Opfer und wurde vor allem von ihrem Umfeld, und ihrer Familie so gesehen. Sie wurde von Freunden, Bekannten und Angehörigen bemitleidet und ihr wurde gesagt, es sei richtig, wenn sie leiden würde, wütend sei und Vergeltungswünsche hätte. Ihre Mutter war Psychologin und bat sie immer wieder, über die Geschehnisse zu sprechen und ihren negativen Gedanken und Gefühlen Raum zu verschaffen. Und so nahm sie zunehmend die Opfer-Rolle an, identifizierte sich damit und verurteilte das Leben.

Als wir mit ihr zu arbeiten begannen, ging es nicht darum die Geschichte zum x-ten Male durchzukauen und sie erzählen zu lassen, sondern um ihre Wahrnehmungen und ihre Perspektive des Widerfahrenen. Anfangs sprach sie noch viel darüber, in was für eine missliche Lage sie doch so plötzlich geraten sei, wie sehr die Welt gegen sie ist und dass sie nun für den Rest ihres Lebens gezeichnet wäre, was ihr auch immer wieder vom Umfeld mitleidend so abgenommen wurde. Wie bereits erwähnt, beginnen wir uns unsere eigene Geschichte, die mit dem wiederholten Erzählen oft dramatisiert wird, auch immer mehr selbst abzunehmen und fügen uns der Rolle, die wir uns geben bzw. die uns gegeben wird.

Durch gezielte Fragestellungen haben wir schließlich damit begonnen, an ihrer Sichtweise zu arbeiten. Wie sah ihre Situation vor dem Überfall aus? Was lief damals für sie nicht sonderlich gut? Wovon sah sie sich damals schon als im Leben gezeichnet an? Was hat sich seit dem Überfall für sie geändert? Welche Dinge laufen besser? Was glaubt sie, durch den Überfall verloren zu haben? Laut Emerson ist das Leben eine Kompensation, und es geht nie etwas verloren, ohne dass zugleich etwas gewonnen wird. In welcher Form befindet sich das scheinbar Verlorengegangene seitdem? Bis ihr die Fragen gestellt wurden, meinte sie, dass sie ihrer Freiheit beraubt wurde. Danach gestand sie unter Tränen, dass sie sich vor dem Überfall im Körper zwar als frei ansah, aber im Kopf gefangen war. Sie meinte, nun wäre sie zwar im Körper gefangen, aber dafür im Kopf etwas freier. Sie erzählte uns, dass sie seitdem ihre große Leidenschaft der Kunst wieder ernsthaft verfolgt, und ihre ganze schöpferische Freiheit dort ausleben kann. Ihre Portraits würden sich sogar hervorragend verkaufen, berichtete sie stolz und zum ersten Mal mit einem Lächeln, das ihr übers Gesicht huschte. Je mehr wir ihre Fantasie relativierten, dass ihr Leben so viel besser wäre, wenn nichts geschehen wäre, und nun so viel schlimmer ist, umso ausgeglichener wurde ihr Denken. Sie sah nicht mehr ein einseitiges Ereignis, das sie verurteilte und Menschen, an denen sie sich nur all zu gerne rächen würde, sondern eine Erfahrung, die auch eine andere Seite in sich verbarg. Der Schlüsselmoment trat ein, als sie uns leicht perplex erzählte – perplex deshalb, weil sie es vollkommen ausgeblendet hatte und sich all die Zeit nicht ein einziges Mal daran erinnerte, dass sie nur wenige Momente vor dem Überfall auf ihren Balkon trat, in den Himmel blickte, über ihre Situation reflektierte und aufgrund ihrer Lage – sie war unglücklich mit ihrer Arbeit und in ihrer Beziehung, vor sich her murmelte: „Oh Gott, wie komme ich nur je aus dieser misslichen Situation heraus?"

Sie hielt einen Moment inne und zum Erstaunen aller Anwesenden lachte sie herzhaft. Ohne die Fragen, die zum Ausgleich ihrer Wahrnehmung dienten, hätte sie sich ein Leben lang in eine Rolle versetzt, die ihr kein Loslassen ermöglicht hätte. In ihrem Kopf wäre sie nun noch ein deutliches Stück freier, sagte sie. Erste Bedenken ließen allerdings nicht lange auf sich warten. „Wie reagiert mein Umfeld, wenn ich meine Opfer-Rolle ablege und nach vorne blicke? Was wird meine Familie sagen?" Ihre Mutter war ihre größte Sorge. „Meine Mutter wird glauben, ich unterlege einer Gehirnwäsche und müsste schleunigst wieder leiden, so wie es sich in meiner Situation gehört", dachte sie laut. Sie wollte ihre Rolle hinter sich lassen. Ob ihr Umfeld und ihre Familie das auch wollten und mit an einem Strang zogen, weiß ich leider nicht. Ihre Physiologie und ihr Erscheinungsbild hatten sich jedenfalls mehr als spürbar verändert.

Den dritten Fall habe ich in Houston Texas beobachten dürfen. Es handelte sich dabei um ein klassisches Vater-Sohn Szenario. Den

Sohn schätze ich auf Ende zwanzig, Anfang dreißig. Er nahm kein Blatt vor der Mund und sagte geraderaus, dass sein Vater ein Tyrann wäre, und er wegen seinem Vater nie sein eigenes Leben führen konnte. Er musste sich ihm stets fügen, seine Ansichten vertreten und das tun, was von ihm verlangt und ihm zugeschrieben wurde. Einerseits wollte er seinen Vater stolz machen, ihm zeigen, was er wert war und leisten konnte, andererseits begann er, ihn zunehmend zu verachten. Sein Vater wurde für ihn zur Personifizierung des Traumtöters. Und sein Vater wurde zum Sündenbock für alles. Wenn es ihm schlecht ging und er kränkelte, war es für ihn der Druck des Vaters, der dazu geführt hatte. Fragten Freunde ihn, warum er nicht seinen eigenen Weg geht, sagte er, dass er es wegen seinem Vater nicht könne. Dieser wäre enttäuscht, würde ihm jegliche finanzielle Unterstützung entziehen und mit ihm brechen. In Beziehungen verwies er auf seinen Vater, wenn Frauen ihn auf seine raue Gangart aufmerksam machten. Die Rollen waren für ihn klar verteilt. Er war das Opfer der väterlichen Dominanz. Und diese war seiner Sicht nach nur negativ, genauso wie das Bild seines Vaters. So viel zu seiner Ausgangslage und seiner Perspektive.

Die Arbeit mit ihm offenbarte sehr schnell ein beliebtes Muster der Opfer-Strategie. Er wollte seine Sicht und seine Geschichte nicht loslassen. Stur hielt er an ihr fest, solange er konnte. Ihm war klar: wenn sich die Geschichte ändert, müsste er bei sich selbst ansetzen und könnte den Finger nicht länger, jedes Mal wenn es ihm passt, auf den Vater richten. Er hatte ein verstecktes Motiv, das ihn veranlasst hat, seine Rolle nicht ohne weiteres aufzugeben. Sie hat ihm zu viele Sicherheiten gegeben. Es kann beängstigend wirken, den Schutzmantel hinter dem man sich so lange versteckt hat, abzulegen und damit zu beginnen, selbstbestimmt durchs Leben zu gehen. Von Authentizität und Selbstbewusstsein lässt sich nur ohne Schutzmantel sprechen.

Als durch erneutes gezieltes Fragestellen, der Sohn ebenfalls gemächlich anfing seine Wahrnehmung auszugleichen, die andere Seite des Vaters zu sehen, zu honorieren und sogar dankbar dafür zu sein, konnte er erkennen, dass es eine Illusion ist, zu glauben, sein Leben wäre besser oder schlechter, wenn sein Vater anders gehandelt hätte. Zudem gewann er die Einsicht, dass er nur er selbst sein kann, wenn er die Rolle, die er fast sein Leben lang gelebt hatte, nun konsequent hinter sich lässt.

In keinem dieser bisherigen drei Beispiele ging es darum, gewisses Handeln gutzuheißen, oder zu verurteilen. Es ging jedes Mal darum, die Perspektive des Ereignisses zu ändern, um aus einer Rolle auszubrechen, die uns davon abhält, unser Leben zu leben. Was dabei gut oder schlecht ist und war, beurteilt jeder Mensch anders. Eine allgemeingültige Aussage darüber kann nicht gefällt werden. Das ist auch der Grund dafür, wieso es so unterschiedliche und viele verschiedene ethische und moralische Ansichten gibt.

Auf einen letzten Bereich möchte ich mich in diesem Unterpunkt noch beziehen: intime zwischenmenschliche Beziehungen. Denn auch hier haben sich Opfer-Rollen und -strategien sowie Story Telling weit ausgebreitet. Nachdem eine Beziehung in die Brüche geht, oder schon während der Beziehung gibt es immer wieder eine Partei, die sich misshandelt gefühlt hat, die von ihrem Partner verletzt wurde, die ihrem Umfeld gerne berichtet, wie schlecht sie behandelt wurde. In Beziehungen haben wir es größtenteils mit *Over- und Underdog Dynamiken* zu tun. Unterordnung spielt hierbei wieder eine zentrale Rolle. In der Alltagssprache wird hierzu gerne gefragt: „Und, wer hat bei euch die Hosen an?" Das ist natürlich etwas generisch gesprochen, soll aber einen wichtigen Punkt hervorheben.

Der Underdog sieht seinen Partner als über ihm stehend an. Das kann aus mehreren Gründen der Fall sein. Der Partner verdient mehr, hat ein besseres Netzwerk, kommt aus einer gesellschaftlich höher angesehenen Familie, sieht subjektiv gesehen besser aus, ist beliebter, hat einen besseren Job, ist intelligenter, oder ähnliches. Der Underdog schreibt seinem Partner einen höheren Wert zu, als sich selbst. Er glaubt, in ihm etwas zu sehen, das er nicht in sich trägt. Er will seinen Partner gerne festbinden, weil er Angst hat, dass dieser ihm davonlaufen wird, sobald er merkt, dass er auch etwas *Besseres* haben könnte. Der Partner hingegen sieht die Beziehung entspannter und will sich vorerst nicht festbinden lassen. Oft ist es so, dass sobald der Underdog sein Selbstwertgefühl steigert und sich nicht länger unterordnet, aber auch nicht überordnet, sondern sich seinem authentischen Selbst annähert, lässt sich der Partner auch binden. Es scheint fast, als hätte dieser darauf gewartet.

Das stellt natürlich eher eine *Happy-End-Beziehungsgeschichte* dar, statt dem tragischen Ende, das häufig eintritt. Der Grund wieso ich hierüber spreche, ist auf die Konsequenz der Einnahme einer Opfer-Rolle in und nach einer Beziehung einzugehen. Wir fühlen uns miserabel, verfluchen Beziehungen, weil diese sowieso immer in Tränen, Leid und einem gebrochenen Herzen enden, und sehen den (Ex-) Partner als Urheber unseres Schmerzes. An dieser Stelle tritt oft ein Phänomen auf. Die nächste Beziehung verläuft ähnlich. Anderer Partner, selbe Story. Ich habe hierüber schon des Öfteren in Vorträgen gesprochen. Dass ich dabei nicht immer nur freundlich Blicke zugeworfen kriege, ist normal. Und normal ist auch, dass jedes Mal am Ende ein paar Zuhörer zu mir kommen und mir sagen: „als Sie vorhin über Opfer-Strategien in Beziehungen gesprochen haben, da haben Sie eins zu eins das Beziehungsleben meiner besten Freundin (oder meines Bruders, meiner Tante, meines Kollegen, oder von mir selbst) beschrieben. Die rennt immer wieder in dieselben Beziehungen, mit ähnlichen Typen und ich weiß vorher schon, wie es ausgeht."

Auf Grundlage der bisherigen Ausführungen und der vorhergehenden Kapitel, wirst du dir wahrscheinlich bereits denken können, was hier dahintersteckt. In Sachen, vor denen wir davon laufen und die wir meiden wollen, laufen wir immer wieder hinein. Fantasien, die auf unrealistischen Erwartungen beruhen, werden zu Albträumen. Mit unrealistischen Erwartungen in Beziehungen meine ich den Irrglauben, dass es einen einseitigen Menschen gibt, der uns immer nur fröhlich und nie traurig macht, der immer nett und nie gemein, immer nur aufbauend nie herausfordernd und nur positiv, aber nie negativ gestimmt ist – ein Mensch, der nur eine Schokoladenseite besitzt und deshalb auch nicht gefunden werden kann. Bis wir unsere Lektion gelernt und unseren inneren Wert erkannt haben, werden wir mal für mal in dieselben Wände laufen, uns als Opfer sehen und die Beziehungswelt verfluchen.

Der springende Punkt: Solange wir uns selbst als Opfer sehen, halten wir an der Geschichte fest und halten uns dadurch selbst als Geisel. Der zugeschriebene Opferstatus hindert uns daran, die Sache abzuhaken, nach vorne zu blicken und innere Freiheit zu erlangen.

Das Prinzip Verantwortung

Das größte Problem des Opfer-Begriffs ist das folgende: Jemanden oder sich selbst als Opfer zu bezeichnen, raubt diesem die Eigenverantwortung. Und solange wir uns für etwas nicht im Geringsten verantwortlich fühlen, kann keine Veränderung und keine Besserung der Lage entstehen. Veränderungen treten dann auf, wenn wir uns für unser eigenes Denken und Handeln und die daraus folgenden Konsequenzen zutiefst verantwortlich fühlen.

Hierzu will ich ein Positiv- und ein Negativbeispiel anführen. Das Negativbeispiel stammt erneut aus meiner Familie und diesmal muss mir mein anderer jüngerer Bruder verzeihen, dass ich ihn als Beispiel nutze. Mein älterer Bruder bleibt dafür verschont, nachdem er Zentrum der Einführung meines ersten Buchs war. :)

Mein Bruder ist leidenschaftlicher Fußballer und Künstler. Bevor er sich Ende 2013 dazu entschlossen hat, zwei Jahre in Südafrika zu verbringen und seine schulische Laufbahn dort abzuschließen, hatte er in Deutschland hin und wieder mit sich selbst zu kämpfen, war stellenweise schwermütig und lethargisch in seiner Natur. Über einen Kontakt im familiären Netzwerk hat er sich einmal mit einem systemischen Coach getroffen und eine Familienaufstellung machen lassen. Nach einem längeren Gespräch meinte der Coach schließlich, dass mein Bruder einen Vorfahren hatte, der sich mal in Kriegsgefangenschaft befunden und enorm gelitten hat. Dessen Gene haben sich laut dem Coach auf ihn weiter übertragen, was dazu führt, dass er manchmal Ängste verspürt und deshalb etwas behäbig und entscheidungsunfreudig sei. Nachdem mir mein Bruder das mitgeteilt hat, war ich eine ganze Weile nachdenklich gestimmt. Es liegt nicht in meinem Ermessen, darüber zu urteilen, ob an der Aussage des Coachs etwas dran ist oder nicht. Es mag sein, dass das zutreffend war und er die Lage meines Bruders exzellent deuten konnte. Doch über einen Punkt konnte ich, so sehr ich mich auch bemühte, nicht hinwegsehen. Er raubte meinem Bruder die Eigenverantwortung. Er gab ihm einen externen Grund für seine innere Lage und sein Verhalten, der es ihm ermöglichte, sich als Opfer seiner Genetik zu sehen. Mein Bruder konnte nun jedes Mal, wenn er sich schlecht fühlte, sich schwer tat, eine Entscheidung zu treffen, und mit sich selbst kämpfte, den unbekannten Vorfahren dafür verantwortlich machen. Er hatte eine Ausrede, die ihm den bequemen Weg eröffnete und die Eigeninitiative schlafen legte.

Es gibt eine große Vielzahl ähnlicher Beispiele. Unser Sternzeichen ist für unsere Stimmung, unseren Charakter, und unser Beziehungsglück verantwortlich, heißt es zum Beispiel gerne. Dass in der wirklichen Lehre der Astrologie, nicht im Zeitungshoroskop, einige Weisheit steckt, will ich gar nicht anzweifeln. Aber für unser Handeln, Denken, und unsere Reaktionen, sind wir unabhängig vom Stand des Mondes, und sonstigen Faktoren verantwortlich. Denn, wenn diese Prämisse wegfällt, gelangen wir erschreckend schnell zum bereits erwähnten Ansatz *Alles ist erlaubt* von Dostojewskis Charakter Raskolnikow zurück.

Das bewegende Positivbeispiel borge ich mir von Anthony Robbins. In dem Beispiel geht es um den amerikanischen Teenager JT Lewis und das Waisenkind Chantal aus Ruanda. JT musste am 14. Dezember 2012 miterleben wie ein Amokläufer in die Sandy Hook

Grundschule kam und 26 Menschen sowie sich selbst das Leben nahm. Einer der 26 war JTs sechsjähriger Bruder Jesse, der einige Leben rettete, als er erkannte, dass die Waffe für einen Augenblick nicht funktionierte und der Amokläufer nicht schießen konnte. Er rief seinen Mitschülern zu, sie sollen rennen. Selbst schaffte er die Flucht allerdings nicht. Diese Tragödie rief verständlicherweise entsetzliches Leid und Trauer sowie Beileid auf globaler Ebene hervor. Eine Gruppe von Waisen aus Ruanda, die 1994 den Konflikt zwischen Tutsis und Hutu überlebten, bei dem in knapp 100 Tagen etwa 1 Millionen Menschen starben, hörte von JT und seinem Bruder Jesse. Diese Gruppe wollte eine persönliche Botschaft ihres Mitgefühls an JT und die Schule senden. So wurde eine Skype Call arrangiert. Ein Mädchen aus Ruanda, Chantal, sprach mit JT und sagte ihm wie unendlich Leid ihr der Tod seines Bruders täte. Sie sagte ihm auch, dass sie aus ihrer eigenen Erfahrung, eine Sache gelernt hätte: niemand kann einem die eigene Lebensfreude und das Glück nehmen! Niemand außer man selbst. Sie fügte hinzu, dass kein Killer der Welt diese Macht hätte. Dann erzählte sie ihre eigene bewegende Geschichte, die JTs Lebenssicht transformiert hat. Mit acht Jahren musste sie mit eigenen Augen zusehen, wie ihre Eltern mit Macheten zu Tode geschlachtet wurden. Die Mörder ihrer Eltern wandten sich unmittelbar danach an sie, schlugen auf sie ein und warfen sie in ein Massengrab. Fürchterlich blutend, verängstigt und lebendig begraben, hatte Chantal nichts mehr, außer ihrem Willen zu überleben. Sie zwängte sich durch die Leichen, krabbelte aus dem Grab hervor und floh in die Berge oberhalb ihres Dorfes. Während sie sich dort in einem dunklen Wald versteckte, konnte sie auf ihr Dorf hinabsehen, das in Flammen stand. Sie sah die Häuser niederbrennen und hörte die verzweifelten Schreie der Menschen, die sie liebte. Ein Monat lang lebte sie von Gras, versteckte sich und wartete auf das Ende des Genozids.

Es wäre ganz normal zu erwarten, dass ein Kind, das miterleben und am eigenen Leib erfahren musste, was Chantal widerfahren ist, für den Rest des Lebens emotional gezeichnet und verwundet ist und bleibt. Es wäre zu erwarten, dass sie in Wut,

Verzweiflung, Angst und Rachewünschen leben würde. Bei Chantal ist das jedoch nicht der Fall. Sie traf im Laufe der Jahre eine Entscheidung, wie sie ihr Leben weiterführen werde. Sie wollte die Verantwortung für ihre Gefühlslage, für den Umgang mit ihrem Leid und der Trauer, bei sich behalten und niemand anders dafür verantwortlich machen.

Sie sagte zu JT: „Ich weiß, du wirst es jetzt nicht glauben, aber du kannst emotional schneller heilen als du denkst, und ein glückliches und wunderschönes Leben führen. Es geht darum, dich selbst täglich daran zu erinnern und darin zu üben, dankbar zu sein, zu vergeben und Mitgefühl zu praktizieren; dankbar für die Dinge, die du hast, statt darauf fokussiert zu sein, was du nicht hast; dem Attentäter und seiner Familie vergeben, einen Weg finden, das Leben anderer zu bereichern, dann wirst du es schaffen, deinen Schmerz zu überwinden."

Ihr Gesicht leuchtete, als sie diese Worte sprach. Sie war mit so viel Freude und Liebe gefüllt, dass JT es kaum glauben konnte. So schlimm sein Leben auch seit dem besagten Tag gewesen ist, was Chantal widerfahren ist und was sie erzählte, war schlimmer und dramatischer, als er sich jemals etwas hätte ausmalen können. JT sagte sich, dass wenn sie ihr Leid überwinden und glücklich leben konnte, dann kann er das auch. Er war so gerührt, dass diese Gruppe aus Ruanda sich mit ihm in Verbindung gesetzt und Chantal von ihren Erfahrungen berichtet hatte, dass er sich dazu entschloss, ebenfalls die Verantwortung zu übernehmen und deshalb begann er noch am selben Tag mit der Umsetzung.

Chantal erzählte ihm auch, dass sie ihren Lebenssinn nun darin sah, andere Waisenkinder des Genozids zu beschützen, sie zu lieben, sie großzuziehen und ihnen Zuversicht und Freude fürs Leben zu vermitteln. JT wollte wie Chantal anderen Menschen etwas geben und einen Mehrwert für sie schaffen. Und so setzte er direkt bei den Menschen an, die ihm neuen Lebensmut geschenkt hatten – der Gruppe aus Ruanda und allen voran Chantal. Er arbeitete jeden Tag daran, Geld aufzutreiben, um Chantal eine College-Ausbildung ermöglichen zu können. Nur wenige Monate später, rief er sie per Skype zurück und berichtete ihr, er hätte genügend Geld zusammen, um ihr ein Jahr College zu finanzieren. Dass Chantal unglaublich bewegt von JTs Handeln war, kannst du dir sicher vorstellen. Die Geschichte ging aber noch weiter und führte schließlich dazu, dass Anthony Robbins mit seiner Stiftung die Initiative ergriff und die Mittel auftrieb, um etwas mehr als 75 000 überlebenden Waisenkindern eine weiterführende Bildung zu ermöglichen.

Der Kern und die Botschaft dieses Beispiels, ist gleichzeitig auch der Grund wieso ich diesen Unterpunkt eingeführt habe. Wie wir bei Chantal und davor schon bei Frankl gesehen haben, können wir Menschen unseren Schmerz überwinden und die Schönheit des Lebens wieder sehen, wenn wir uns dazu entschließen, uns in keine Rolle zu begeben, uns nicht als Opfer sehen, sondern die Verantwortung für unser weiteres Leben übernehmen, auch wenn das vor allem anfangs unglaublich schwer sein mag. Frankl und Robbins schreiben beide, dass wenn wir einen Weg finden, das Leben anderer Menschen zu bereichern, uns diese Entscheidung noch leichter fällt und wir sie wirklich leben können. Es gibt einen Satz, den Robbins gerne sagt und schreibt, der mir fest in Erinnerung bleibt: *Das Geheimnis des Lebens ist Geben.* Für ihn entsteht dadurch emotionale Heilung. Der Schlüssel liegt darin, etwas zu finden, dass einen dazu inspiriert, wirklich aufrichtig geben zu wollen. Nichts verleiht dem Leben soviel Energie und Bedeutung.

Steve Jobs hat uns kurz vor seinem Lebensende mit einer ähnlichen Botschaft beschenkt. Er meinte, dass es ihm völlig egal wäre, ob er der reichste Mann auf dem Friedhof sei. Jeden Abend ins Bett zu gehen, und sagen zu können, er habe etwas Wunderbares für die Welt getan, das ist es, was ihm wichtig ist und Bedeutung hat.

Ich weiß, dass manche von mir gewählten Beispiele etwas dramatisch sind. Doch wenn es Menschen in derartigen Situationen schaffen, das Prinzip Verantwortung zu leben, sich nicht in Opfer-Rollen versetzen zu lassen und ihr Leben selbstbestimmt weiterzuführen, und zusätzlich darum bemüht sind, Bedeutung und Sinn zu finden und anderen aufrichtig Wert schaffen wollen, was hält uns davon ab? Was hält uns zurück, wie JT zu sagen, dass wir auch so leben können, wie andere es uns als leuchtendes Beispiel vormachen?

Es ist eine bewusste Entscheidung. Ein Entschluss, der darin besteht, Verantwortung zuallererst selbst zu übernehmen und sie erst im Anschluss bei anderen zu suchen, wenn das überhaupt noch nötig ist. Ein Entschluss, den zu fassen, ich jedem wünsche.

<u>Das Leben als Spiel von Wahrnehmungen</u>

Eine Sache dürfte aus den bisherigen Ausführungen mehr als deutlich zum Ausdruck gekommen sein. Unsere Wahrnehmungen und Perspektiven sind die entscheidenden Faktoren in unserer Lebensausrichtung und -art. Wie wir die Dinge sehen und sie einordnen, ist oft wichtiger, als das Geschehene selbst. Der ehemalige US-Präsident und Visionär John F. Kennedy meinte einmal: *„Manche Menschen sehen die Dinge, wie sie sind, und sagen: 'Warum?' Ich träume von Dingen, die es nie gab, und sage: 'Warum nicht?'"* Bei Weiterbildungen, Vorträgen, und beim Lesen von Büchern beobachte ich immer wieder wie zwei Personen, die genau dasselbe hören oder lesen, im Anschluss genau entgegengesetzte Handlungen vollziehen. Der eine sieht das Potential und die Möglichkeiten und beginnt damit Ideen zu spinnen, um der Welt dadurch einen Beitrag leisten zu können. Der andere denkt sich nur, „kenne ich schon, was soll ich denn hiervon noch lernen", und verschließt sich der Möglichkeit, neuen und wertvollen Input erhalten zu können.

Es ist nicht die Tat oder das Wort einer Person, das uns verletzt und uns lange beschäftigt. Es ist unsere Perspektive der Sache, die dazu führt, dass wir etwas noch lange mit uns herumschleppen.

Stephen Covey erzählt in seinem exzellenten Buch Die *7-Wege der Effektivität* eine einschneidende Geschichte, die einen enormen Einfluss auf seine Wahrnehmung anderen Menschen gegenüber hatte. Nach einem anstrengenden Arbeitstag saß er in der Metro, wollte noch etwas nachdenken und einfach seine Ruhe haben. In der Metro war durchschnittlich viel los, als ein Mann mit zwei Kindern einstieg. Der Mann setzte sich hin und wirkte abwesend. Die Kinder tollten herum und waren nach Ansicht von Covey ziemlich laut. Er sah sich das ein paar Minuten an, ohne etwas zu sagen, doch schließlich wurde es ihm zu viel. Er konfrontierte den Vater und gab diesem in gereiztem Ton zu verstehen, dass er sich mal besser um seine Kinder kümmern sollte, und dass deren Verhalten absolut inakzeptabel wäre. Der Vater sah Covey unverwandt an und brauchte einen Augenblick, um dessen Worte zu verarbeiten. Nach einer kurzen Weile sagte er dann: „sie haben vermutlich Recht. Meine Kinder sind wohl zu laut. Wir kommen gerade aus dem Krankenhaus und ihre Mutter ist gestorben. Sie wissen genauso wenig wie ich, mit der Situation klarzukommen."

Covey schreibt, dass er oft und lange über diese Begegnung nachgedacht hat. Für ihn war es ein echter Augenöffner. Er sagt, dass wir viel zu oft Situationen beurteilen, ohne den jeweiligen Hintergrund und die Motive der Handelnden zu kennen. Natürlich können wir nie alle Handlungsmotive der Menschen, die unseren Weg kreuzen, kennen, ganz zu schweigen davon, dass wir sie in ihrem Tun verstehen. Covey hat sich allerdings trotzdem seit dem Tag vorgenommen, eine Sicht der Dinge einzunehmen, die es ihm ermöglicht, nicht voreilig Schlüsse zu ziehen und nach der Maxime zu leben, zuerst den anderen verstehen zu wollen, bevor er selbst verstanden werden will. Ich glaube, wenn mehr Menschen nach dieser Maxime leben würden, gäbe es deutlich weniger Misskommunikation und Missverständnisse.

Von William James' Erkenntnis, dass wir unser Leben ändern können, indem wir unsere Perspektive ändern, hatte ich bereits gesprochen. Es kommt nicht von ungefähr, dass wir von Personen, die ein einschneidendes Erlebnis mitgemacht haben, dem eigenen Tod nahe waren, im Gefängnis saßen, eine nahestehende Person verloren haben, o.ä., sagen, sie hätten dadurch eine andere Sicht der Dinge erlangt. Diese Sicht der Dinge liegt in unserer Hand. Manche Sichten sind derart festgefahren, dass sie ein augenöffnendes Erlebnis benötigen, um geändert zu werden. Andere lassen sich durch eine bewusst gewählten Entscheidung neu ausrichten. Unsere Sicht der Dinge, ist wie Frankls höchster Grad der menschlichen Freiheit – sie kann uns von niemandem genommen werden.

Eine Wahrnehmung, die ich für mein Leben gewählt habe, und die mir täglich weiterhilft, möchte ich dir hier vorstellen. Auch wenn ich damit daneben liegen sollte, hilft sie mir Tag für Tag, mein Leben zu bejahen und dem Leben mit Freude, Enthusiasmus und Dankbarkeit entgegentreten zu können.

Empirisch beweisen kann ich es nicht, doch ich bin der festen Überzeugung, dass wir die Umstände in unser Leben ziehen und uns die Dinge widerfahren, die uns dabei helfen, zu unserer inneren Mitte zu gelangen und zu unserem authentischen Selbst zu werden. Wir können wählen, ob wir uns als Opfer unserer Vergangenheit oder Gestalter unserer Zukunft sehen.

Es macht keinen Sinn, vor Menschen, Situationen oder Konfrontationen davon zu laufen. Wir werden die Sache, die wir vermeiden wollen, nicht umgehen können. Wie Hesse in *Siddhartha* schreibt: *„Der Fluß lachte. Ja, es war so, es kam alles wieder, was nicht zu Ende gelitten und gelöst ward, es wurden immer wieder dieselben Leiden gelitten."* Was wir aussitzen und in die Knie zwingen wollen, wird uns selbst in die Knie zwingen. Die Dinge, an denen wir am zwanghaftesten und vehementesten festhalten wollen, von denen wir uns nicht lösen können, werden uns immer wieder zurückhalten, weil wir sie uns noch nicht aneignen konnten.

Wir können unser Leben als eine Art Spiel von Wahrnehmungen betrachten. Je größer und runder unser Kreis, umso ausgeglichener ist unsere Sicht der Dinge. Ein Halbkreis bringt eine schwarz-weiß Wahrnehmung mit sich. Alltagssprachlich sagen wir dann, diese

Person hätte eine begrenzte Sicht der Dinge und kann nicht über den eigenen Tellerrand (Kreisradius) hinausblicken. Unsere Umstände als Sündenbock dafür auszumachen, dass unser Leben nicht so läuft, wie wir es gerne hätten, statt unsere Sichtweise in die Verantwortung zu ziehen, ist der effektivste Weg, seinen Kreis klein zu halten, sich selbst zu limitieren und abhängig zu bleiben, und das Licht des authentischen Selbst zu erlöschen.

Opfer oder Lebensgestalter, Hinterwäldler oder Visionär, Energievampir oder Energiespender zu sein, liegt in unserer Hand. Niemand sieht die Welt wie du. Steve Jobs wollte durch sein Dasein eine Kerbe im Universum hinterlassen. Was willst du durch deine einmalige Sicht der Dinge für die Welt tun?

Kapitel-Highlights

- Eine bestimmte Rolle zu übernehmen, verbirgt oft eine damit verbundene Strategie.
- Zwanghaft an der eigenen Story festhalten wollen und das wiederholte Erzählen dramatisiert diese nur. Solange der erwünschte Vorteil des Festhaltens größer ist, als der erwartete Nutzen des Loslassens und der Befreiung aus dem Gedankengefängnis, haben wir ein verstecktes Motiv, uns selbst auf dem Fuß zu stehen.
- Wenn wir die volle Verantwortung für unser Handeln und unser Denken übernehmen, ist Veränderung am wahrscheinlichsten. Nur durch Verantwortung können wir einer Opferrolle entkommen.
- Coveys Maxime: versuche erst den anderen zu verstehen, bevor du selbst verstanden werden möchtest.
- Nicht das Widerfahrene schmerzt uns, sondern unsere Einordnung davon.
- Unsere Wahrnehmungen entscheidenden über unsere Lebensausrichtung. Durch einen Perspektivenwechsel, können wir unser Leben ändern.

Kapitel 6: Authentizität und innere Freiheit

*"Des geistigen Menschen höchste Leistung ist immer Freiheit.
Freiheit von den Menschen, Freiheit von den Meinungen,
Freiheit von den Dingen, Freiheit nur zu sich selbst."*
Stefan Zweig

Ich hatte im vorigen Kapitel bereits über den Ansatz von Frankl gesprochen, der den letzten und höchsten Grad der menschlichen Freiheit darin sah, dass wir immer die Wahl haben, frei zu entscheiden, wie wir auf einen Reiz reagieren wollen. Diesen Gedanken sowie den Zusammenhang zwischen Authentizität und innerer Freiheit möchte ich in diesem Kapitel ausführlicher herausarbeiten.

Beginnen wir mit der Frage: „Wie hängen Authentizität und innere Freiheit zusammen?" Die Frage ist enorm voraussetzungsreich, weil die Klärung was unter innerer Freiheit verstanden werden kann, damit zusammenhängt. Abraham Lincoln hat einmal – nicht ganz zu unrecht – gesagt, dass die Menschheit bisher keine gute Definition für Freiheit hervorgebracht hat. Das liegt u.a. daran, dass der Begriff sehr vielseitig und facettenreich ist. Anstatt hier also einen Versuch zu starten und eine umfassende Begriffsanalyse für Freiheit durchzuführen, werde ich lediglich darauf eingehen, was ich genau damit meine, wenn von innerer Freiheit die Rede ist.

Eine ganz zentrale Grundlage für die innere Freiheit besteht darin, dass wir unsere Entscheidungen selbstbestimmt zu treffen in der Lage sind, und diese mit unseren Werten und Prioritäten eine Kongruenz bilden. Auch unsere Reaktionen hängen sehr eng mit der inneren Freiheit zusammen, wodurch auch wieder unsere verleugneten Charakterzüge und Teile ins Spiel kommen. Je größer der Anteil unserer verleugneten Teile ist, umso geringer ist der Grad der inneren Freiheit. Das liegt daran, dass wir in unserem Handeln reagieren und reaktiv sind, statt zu agieren und von einem wohlüberlegten Standpunkt aus aktiv werden. Unsere Reizpunkte verlagern die innere Freiheit von uns zum Gegenüber. Denn er hat die Macht und die Kontrolle darüber, unsere wunden Punkte zu triggern und dadurch eine gewisse Reaktion auf einen Reiz aus uns heraus zu kitzeln, die nicht frei gewählt ist.

Meiner Ansicht nach ist der Grad der inneren Freiheit direkt proportional zum Ausmaß und zur Form unseres Kreises. Ein Halbkreis bringt eine limitierte und stark bedingte Freiheit mit sich. Wir mögen uns zwar frei fühlen, weil sich niemand gerne die innere Freiheit absprechen lässt, und es besteht kein Zweifel darin, dass in uns das volle Potential der inneren Freiheit steckt – so wie es mit dem authentischen Selbst der Fall ist. Doch dieses Potential befindet sich noch in den Kinderschuhen, genauso wie unser Kreis. Ein wohlgeformter, runder Kreis mit einem großen Radius und dadurch einer hohen Sphäre, ist eine perfekte Reflektion von innerer Freiheit. Entscheidungen werden nämlich selbstbestimmt getroffen, eine unvergleichliche Selbsterkenntnis ist vorhanden, unser Grad der Authentizität ist sehr, sehr weit fortgeschritten, und unsere Reaktionen auf Reize fallen so aus, wie wir es uns vorstellen. Dieses Stadium wirkt zwar erst einmal wie ein unerreichbares Ideal, weil es nah an Plancks Frequenz dran ist, doch es ist erstrebenswert. Gleichzeitig gilt es auch zu bedenken, dass wir Reizpunkte und verleugnete Teile benötigen, um uns noch weiterentwickeln zu können. Wir haben alle noch unsere Themen, Situationen und Personen, die uns auf die Palme bringen. Dadurch lernen wir schließlich auch. Und das ist der Grund, wieso ich von Graden der Freiheit und Graden der Authentizität spreche. Bei beiden handelt es sich um einen Entwicklungsprozess, der sehr eng miteinander verbunden ist. Ein hoher Grad an Authentizität gekoppelt mit einem niedrigen Grad an innerer Freiheit, lässt sich in einem Menschen nicht vereinen. Zumindest nicht so, wie die beiden Begriffe hier behandelt werden.

Umfeld, eigene Gedanken und innere Freiheit

Unser Umfeld und was wir denken, wirken sich wie das Ausmaß der verleugneten Teile auf die innere Freiheit aus. Unser Denken spiegelt sich oft in den Handlungen unseres Umfelds uns gegenüber wieder. Niemand zieht beispielsweise harsche Kritik an seiner Person an, außer er ist stets auf der Suche nach Lob. Je mehr und je verzweifelter wir eine Seite von Gegensatz-Paaren wollen, umso stärker ziehen wir die Kehrseite an, um inneres Gleichgewicht behalten und unsere innere Mitte finden zu können. Ähnlich ist es mit Albträumen auf der einen Seite und Fantasien auf der anderen Seite. Sie kompensieren das, was uns im Leben am meisten beschäftigt und wir gerade durchleben. Wenn wir uns in einer Sache komplett machtlos fühlen, kompensieren wir das gerne dadurch, dass wir uns in unseren Tagträumen vorstellen, wir wären übermächtig. Und unser übermotiviertes Streben nach Positivität, ist zugleich die Quelle des Negativen. Unser Umfeld dient dabei als ausgleichende Komponente. In Lukas Kapitel 14 Vers 11 finden wir genau diesen Gedanken wieder. Dort heißt es: *„Denn jeder, der sich selbst erhöht, wird erniedrigt werden, und wer sich selbst erniedrigt, wird erhöht werden."* Freiheit finden wir in der Ausgeglichenheit. In der Polarität benötigen wir unser Umfeld, um uns zurück zur Freiheit zu verhelfen. Das schmeckt uns vor allem dann nicht, wenn wir uns auf einem Hoch befinden, und Umstände in unser Leben anziehen, die uns auf den Boden zurückbringen. Dass wir dadurch allerdings unsere Freiheit zurück erlangen, mag ein befremdlicher Gedanke sein. Doch nur wenn wir zentriert sind, bedarf es keiner externen Faktoren, um uns Balance zu schenken. Selbst im *Wolf of Wall Street* finden wir genau dieses Muster vor. Dort sagt di Caprio leicht irritiert, dass jedes Mal, wenn jemand auf dem Weg nach oben ist und ein Hoch erlebt, es immer jemanden gibt, der versucht ihm dabei in die Quere zu kommen und ihn erdet. Der Energiekonzern Enron hat dasselbe erlebt. In Presse-Veröffentlichungen haben sie sich selbst gerne als die großartigste Firma der Welt bezeichnet und ein Manager sagte nach dem Skandal, dass sie sich auf einem ständigen Hoch befanden, glaubten sie könnten alles erreichen und hatten das beflügelnde Gefühl dieses Hoch würde ewig anhalten. Die Quittung für Einseitigkeit gibt es immer. Sie kommt nur in verschiedenen Formen. Es kann das Gewissen sein, das uns ausgleicht, falls wir es noch nicht so stark betäubt haben, dass es stumm auf uns wirkt. Es kann unser Körper sein, der uns für paar Tage flachlegt, um uns eine Botschaft zu vermitteln. Es kann unser Umfeld sein, das uns die Quittung gnadenlos vor die Stirn klatscht. Familie, Freunde, Bekannte, Mitarbeiter oder eine fremde Person auf der Straße nehmen bei genauem Hinsehen des Öfteren diese Rolle ein. Es kann auch ein unerklärliches Ereignis sein, das wir dann Murphys Gesetz, Schicksal, oder sonst was nennen. Wir fürchten uns vor diesen Quittungen. Wir fürchten uns, weil wir sie erneut einseitig betrachten. Wir fürchten uns, weil wir nicht erkennen wollen, dass sie uns frei setzen und das Potential in sich tragen, den Weg zu uns selbst zu bahnen. Hesse meinte einmal, dass nichts auf der Welt dem Menschen mehr zuwider ist, als den Weg zu gehen, der ihn zu sich selber führt! Und so verschließen wir uns davor, blenden die versteckten Botschaften aus und beschränken dadurch unseren Freiheitsgrad. Der Universalgelehrte und berühmte Philosoph Gottfried Wilhelm Leibniz hat den Gedanken mit einzigartiger Schönheit formuliert, als er sagte: *"Hinter allem, was du für Zufall und Chaos hältst, befindet sich eine versteckte Ordnung. Nur sehr wenige Menschen entdecken diese Ordnung, aber jene, welche sie entdecken, deren Leben verändern sich für immer."*

Auf einen anderen Aspekt, wie unser Umfeld und unsere innere Freiheit zusammenhängen, bin ich bereits im vierten Kapitel zu sprechen gekommen: Vergleiche. Einen Verlust an Selbstbewusstsein und an innerer Freiheit erleiden wir durch den Vergleich mit anderen. Das Anhimmeln eines Mitmenschen, genauso wie die Verachtung, nimmt uns in unserem Denken als Geisel gefangen. Wir sind nicht länger frei in unserem Denken, wenn wir andere erhöhen oder erniedrigen. Verachtung macht uns krank und bitter.

Anhimmeln endet in Enttäuschung, weil die angehimmelte Person niemals unseren unrealistischen Erwartungen gerecht werden kann und wir zwangsläufig die andere Seite zu Gesicht bekommen, auch wenn wir diese lange Zeit gekonnt ausblenden. Wenn wir jemanden anhimmeln oder verachten, hat diese Person die Kontrolle über unser Leben. Innere Freiheit ist nicht möglich, solange eins von den beiden bestehen bleibt. Je stärker das Anhimmeln oder die Verachtung, umso schwerer ist es für unser Selbst, zurück zur inneren Freiheit zu gelangen. Durch Extreme verlieren wir das Gespür für die Weisheit der inneren Stimme. Das Tragische daran ist: erst durch das Geleitet-Werden der inneren Stimme kann uns der Weg zur inneren Freiheit geebnet werden. Sie will uns zurück zu unserer inneren Mitte führen und uns dabei helfen, der zu sein, der wir sind.

Ich konnte bisher keine Studie finden, die die folgende These wissenschaftlich belegt, allerdings habe ich in diversen Publikationen Autoren ähnliche Gedanken formulieren sehen und von einigen geschätzten Kollegen wurde mir das Muster beschrieben, ohne dass ich danach gefragt habe; häufig sind es die Personen, die sich selbst als am freiesten beschreiben würden, die einen geringen Grad an innerer Freiheit haben und eher in Polaritäten leben. Häufig sind es die Personen, die vorgeben, dass sie nichts belasten würden, die die größten Dämonen mit sich herumschleppen. McGonigal hat in ihren Studien zur Willensstärke die Beobachtung gemacht, dass oft die Personen, die glauben den stärksten Willen zu haben, bei Versuchungen als erstes nachgeben.

Im *Reichsten Mann von Babylon* steht nicht umsonst geschrieben, dass ein reicher Mann, niemandem erzählen muss, dass er reich ist. Und ein guter Freund von mir, der über Jahre hinweg eine Spitzenposition in einem der größten deutschen Konzerne inne hatte, hat mir beim Abendessen einmal erzählt, dass seiner Beobachtung nach, die Personen, die die meiste Macht und den größten Einfluss haben, diese nie zur Schau stellen und ausnutzen, sondern andere im Dunkeln tappen lassen. Jene, die am meisten von und über Macht gesprochen haben, spielten oft nur mit heißer Luft und ihre Macht fiel bei genauem Hinterfragen wie ein Kartenhaus zusammen.

Ähnlich wie durch Vergleiche, durch Verachtung und Anhimmeln, entfernen wir uns auch durch Werturteile über andere von der inneren Freiheit. Je mehr wir urteilen, umso weniger erfüllt und frei sind wir, weil wir noch so viele verleugnete Charakterzüge mit uns herumtragen. Ein Werturteil nimmt Platz in unserem Denken ein und hindert uns an der Entwicklung unseres Kreises und damit auch unseres authentischen Selbst. Indem wir einen Ausgleich in unser Denken bringen, lösen wir Polaritäten auf, und setzen uns selbst frei.

Ein Plädoyer für innere Freiheit

Innerlich frei zu sein, bedeutet man selbst zu sein. Man selbst zu sein, heißt authentisch zu sein. Und authentisch zu sein, bedeutet sich selbst bedingungslos zu lieben, wie wir im ersten Kapitel gesehen haben. Den höchsten Grad der inneren Freiheit erlangen wir insofern auch nur durch das Füllen unseres Sammelalbums – das Durchlaufen des Aneignungsprozesses. Alles was wir uns nicht aneignen wollen, setzt uns Grenzen und beschränkt uns. Das heißt, für unsere innere Freiheit gilt es zu kämpfen und etwas zu tun. Der Weg des geringsten Widerstands bringt somit auch eine stark limitierte innere Freiheit mit sich. Es ist nun mal einfacher und bequemer sich begrenzt zu halten, und sich gleichzeitig einzureden, der freiste Mensch von allen zu sein. Für einen hohen Grad an innerer Freiheit zahlen wir einen Preis. Schließlich gibt es auch genügend Faktoren, die uns den Weg dorthin erschweren. Der gezahlte Preis steckt in der Überwindung von Gegensätzlichkeit, dem Lösen von Unterordnung, der aufrichtigen Dankbarkeit für die angeeignete Schattenseite, und der Verantwortung, die mit der Entwicklung des eigenen Kreises wächst.

Der andere ermöglicht uns den Weg zur inneren Freiheit durch die resultierenden Erkenntnis- und Reflexionsmöglichkeiten. Der andere erschwert uns gleichzeitig auch den Weg, weil er unsere wunden Punkte erbarmungslos spiegelt, uns dadurch mit uns selbst hadern lässt, das Tor für Vergleiche und Verurteilung öffnet und uns stellenweise gegen den eigenen Willen zurück ins Gleichgewicht verhilft, was wir zumeist erst rückblickend erkennen.

Die eigene innere Freiheit überträgt sich auf unser Umfeld und beflügelt den anderen auch. Innere Freiheit schafft Raum dafür, andere so zu nehmen, wie sie sind. Weil unser Kreis so groß ist und wir uns so viele Teile angeeignet haben, können wir andere lieben, für das was sie sind, ohne uns dabei aus der eigenen inneren Mitte entfernen zu müssen. In der Präsenz eines authentischen Menschen zu sein, schenkt das Vertrauen ebenfalls authentisch und man selbst sein zu wollen und zu können. Nur vor Menschen, die sich mit ihrem Selbst unwohl fühlen, haben wir Bedenken und ein komisches Gefühl dabei, uns zu öffnen. Hin und wieder haben wir Begegnungen mit Menschen, die wir zuvor kaum oder gar nicht kannten und hatten das Gefühl, uns dieser Person mehr offenbart haben zu können, als Menschen, die wir schon ein Leben lang zu kennen glauben. Wenn wir dann über diese Begegnung nachdenken, merken wir oft, dass unsere Offenheit durch die spürbare Authentizität des anderen hervorgerufen wurde. Innere Freiheit und Authentizität setzt andere frei.

Ein weiterer zentraler und auf dem Gesagten aufbauender Gedanke ist der folgende: Erst durch bedingungslose Selbstliebe, können wir andere bedingungslos lieben. Sowie andere uns freisetzen, indem sie authentisch sind, können wir unseren Gegenüber dadurch lieben, dass wir uns selbst lieben. Der Gedanke bedarf eigentlich kaum weiterer Ausführung. Als Liebe hatten wir bereits die Synthese der Gegensätze identifizieren können. Diese Synthese in sich zu tragen, ist die Grundlage dafür, eine andere Person für das zu lieben, was und wie sie ist, und nicht für das, was wir an ihr mögen oder wie wir sie gerne hätten. Wenn die Synthese in uns nicht gegeben ist, dann ist unsere Liebe bedingt, weil uns ständig etwas am anderen stören wird, wir noch etwas an ihm ändern wollen, oder wie es im Stadium des Verliebt-Seins der Fall ist, eine Seite radikal ausblenden und nur die Schokoladenseite der Person sehen. Wir sagen dann irrtümlicherweise jemandem, dass wir ihn lieben. Diese *Liebe* erlischt, sobald wir mehr und mehr von der anderen Seite der Person zu sehen kriegen und unsere zumeist unrealistischen Erwartungen an den Partner nicht mehr erfüllt werden. Unrealistisch deshalb, weil niemand über einen langen Zeitraum eine Persona aufrechterhalten kann, ohne dass andere Seiten zum Vorschein kommen.

Alles, was wir am anderen noch verändern wollen, sagt mehr über uns, als über ihn aus. Wir wollen nur das ändern, was wir noch nicht zu lieben gelernt haben. Deswegen wollen wir uns auch so oft selbst ändern.

Sobald wir in der Lage sind, die Perfektion in uns selbst zu erkennen und zu lieben, können wir das auch im anderen. Sich selbst bedingungslos lieben zu können, bedeutet demnach auch, sich selbst erkannt zu haben. An dieser Stelle schließen sich einige Kreise. Liebe, Selbsterkenntnis, Authentizität und innere Freiheit hängen unglaublich eng miteinander zusammen.

Das mag ziemlich forsch klingen und einige Fragen aufwerfen, wie zum Beispiel: Muss ich mich wirklich selbst erkannt haben, bevor ich mich und andere lieben kann? Kann ich nicht auch in meiner Selbstverachtung innerlich frei sein? Und wieso hängt die Authentizität so eng mit den anderen Begriffen zusammen? Doch wir sollten dabei nicht vergessen, dass es sich bei all den Begriffen auch um Entwicklungsprozesse handelt und es demnach gewisse Grade und Abstufungen gibt. Unser individueller Kreis wächst und entwickelt sich während unseres Lebens. Unser Sammelalbum wird zunehmend voller. Dadurch werden wir auch stetig authentischer. Unser Selbstbewusstsein nimmt durch wachsende Selbsterkenntnis zu. Wir entwickeln mehr und mehr ein Gespür dafür, wofür wir stehen möchten, was uns wichtig ist, wie unsere Werte und Überzeugungen aussehen und können dadurch schlichtweg ein anderes Bewusstsein für unser Selbst erlangen. Das Füllen des Sammelalbums steigert die Selbstliebe, wodurch die Reaktivität abnimmt, wir weniger wunde Punkte besitzen, uns nicht mehr so leicht aus der inneren Mitte bewegen lassen und dadurch ein höheres Maß an innerer Freiheit besitzen. Das Fortschreiten des einen Bereichs und Begriffs befruchtet das Fortschreiten der anderen Bereiche und Begriffe. Dass die Entwicklung dieser Felder nicht so linear abläuft, wie es hier klingen mag, leuchtet jedem Menschen sofort ein. Stellenweise glauben wir, uns eine ganze Weile auf einem Fleck oder im Kreis zu bewegen. Wir befürchten, Rückschritte zu machen und schließlich erfolgt doch ein neuer Durchbruch, ein neuer Erkenntnisgewinn. Die eigene Entwicklung ist oft auch für das Umfeld leichter zu erkennen, als für uns selbst. Wir sind uns schließlich selbst am nächsten und nehmen uns tagtäglich wahr. Sogar auf physischer Ebene nimmt unser Umfeld unser Wachstum am eindrücklichsten wahr. Es sind die anderen, die uns sagen: „Wow, bist du aber in die Höhe geschossen!" Oder „Du bist aber groß geworden." Wir stellen uns nicht vor den Spiegel und sagen uns: „Man, man, also heute bin ich ja ein deutliches Stück größer."

Jeder der Begriffe ist in vielerlei Hinsicht wie unser körperliches Wachstum, denn abgeschlossen ist es nie. Die Entwicklung passiert graduell. Manchmal haben wir das Gefühl, enorme Schübe zu machen und manchmal glauben wir, es würde sich gar nichts mehr tun. Unser Selbst benötigt wie unser Körper auch Zeit für Wachstum. Wenn es mal deutlich zu schnell geht, dann macht sich das bemerkbar. Der Körper hat dann vorübergehend mit Wachstumsproblemen und -fugen zu kämpfen, und das Selbst macht Identitätskrisen durch. Das ist ganz normal. Mit jedem neuen Kreis, den wir ziehen, tun sich neue Dichotomien auf, werden wir vor größere Herausforderungen gestellt, befinden wir uns auf einer anderen Wellenlänge und verspüren dadurch eine Resonanz mit anderen Dingen und Personen, woraus eine vorübergehende Identitäts- und/oder Sinnkrise resultieren kann. Die eigene Entfaltung und das persönliche Wachstum kann auch beängstigend wirken. Wir können uns stellenweise wie der Adler fühlen, der es sich nicht zugetraut hat, zu fliegen. Marianne Williamson hat diese Sichtweise in ihrem Werk *Die Rückkehr zur Liebe* wunderschön treffend und poetisch formuliert, weswegen die folgende Passage auch oft zitiert wird und weltbekannt ist:

Unsere größte Angst ist nicht, unzulänglich zu sein.
Unsere größte Angst ist, grenzenlos mächtig zu sein.
Unser Licht, nicht unsere Dunkelheit, ängstigt uns am meisten.
Wir fragen uns: Wer bin ich denn, dass ich so brillant sein soll?
Aber wer bist du, es nicht zu sein?
Du bist ein Kind Gottes.
Es dient der Welt nicht, wenn du dich klein machst.
Sich klein zu machen, nur damit sich andere um dich herum nicht unsicher fühlen, hat nichts Erleuchtetes.
Wir wurden geboren, um die Herrlichkeit Gottes, der in uns ist, zu manifestieren.
Er ist nicht nur in einigen von uns, er ist in jedem einzelnen.
Und wenn wir unser Licht scheinen lassen,
geben wir damit unbewusst anderen die Erlaubnis, es auch zu tun.
Wenn wir von unserer eigenen Angst befreit sind,
befreit unsere Gegenwart automatisch die anderen.

Auch das Gedicht *Stufen* von Hesse verbirgt diesen Gedanken (vor allem in der zweiten Strophe) in sich:

Wie jede Blüte welkt und jede Jugend
Dem Alter weicht, blüht jede Lebensstufe,
Blüht jede Weisheit auch und jede Tugend
Zu ihrer Zeit und darf nicht ewig dauern.
Es muß das Herz bei jedem Lebensrufe
Bereit zum Abschied sein und Neubeginne,
Um sich in Tapferkeit und ohne Trauern
In andre, neue Bindungen zu geben.
Und jedem Anfang wohnt ein Zauber inne,

Der uns beschützt und der uns hilft, zu leben.

Wir sollen heiter Raum um Raum durchschreiten,
An keinem wie an einer Heimat hängen,
Der Weltgeist will nicht fesseln uns und engen,
Er will uns Stuf' um Stufe heben, weiten.
Kaum sind wir heimisch einem Lebenskreise
Und traulich eingewohnt, so droht Erschlaffen,
Nur wer bereit zu Aufbruch ist und Reise,
Mag lähmender Gewöhnung sich entraffen.
Es wird vielleicht auch noch die Todesstunde
Uns neuen Räumen jung entgegensenden,
Des Lebens Ruf an uns wird niemals enden ...
Wohlan denn, Herz, nimm Abschied und gesunde!

Den Gedanken des Kreises, der in den bisherigen Ausführungen immer wieder aufgetreten ist, finden wir auch in dem Gedicht von Hesse, genauso wie die Ansicht – *„Der Weltgeist will nicht fesseln uns und engen, Er will uns Stuf' um Stufe heben, weiten"* – dass das Heben und Weiten auch mit Hürden und Krisen verbunden ist bzw. sein kann, ist auch Hesse nicht entgangen. Das Fortschreiten, das Klettern von Stufen und das *„grenzenlos mächtig sein"*, sprengt innere Fesseln und Ängste, und lässt dadurch auch die innere Freiheit aufblühen.

Zum Abschluss will ich noch auf die drei aufgeworfenen und bisher unbeantworteten Fragen eingehen. Die erste Frage hat auf den Zusammenhang von Selbsterkenntnis und sich und andere lieben können abgezielt.

Lieben zu können, ist nicht ausschließlich durch Selbsterkenntnis bedingt. Wir können auch davon sprechen, jemanden zu lieben, ohne unser Selbst geschaut oder wirklich erkannt zu haben. Doch wenn wir die Ansicht vertreten und der Definition folgen wollen, dass Liebe die Synthese von Gegensätzen darstellt, und somit weder an Raum noch an Zeit gebunden ist (wie es sogar im genialen

Film *Interstellar* von Christopher Nolan heißt: „*Liebe ist das einzige, was die Raumzeit-Dimension überwindet und für uns spürbar ist*"), dann stellen wir schnell die wesentliche Rolle der Selbsterkenntnis für das Lieben-Können fest. Aber in dieses Lieben-Können wachsen wir hinein. Wie unser Kreis, der immer da ist, so ist die Liebe immer da. In Momenten, in denen wir neue Kreise ziehen, eine Stufe klettern, einen Quantensprung machen und durch die Synthese von Gegensätzen eine tiefgreifende Erkenntnis gewinnen, sind wir der Liebe an Sich am nächsten und können sie für einen Augenblick, der sich zeitlos anfühlt, erspähen. Es sollte uns keineswegs entmutigen, dass Liebe, genauso wie die anderen zentralen Begriffe dieses Kapitels einen Entwicklungsprozess darstellt. Der komplexe und schwer in Worte zu packende Gedanke, der dahinter steckt, hat große Ähnlichkeit mit dem Gedanken über unser Selbst. An sich sind wir schon wir Selbst und können auch nichts anderes sein. Trotzdem haben wir hin und wieder das Gefühl, nicht wir selbst zu sein und nicht zu wissen, wer wir sind. Mit der Liebe verhält es sich genauso.

Die zweite Frage hing damit zusammen, ob wir nicht auch in unserer Selbstverachtung innerlich frei sein können. Ich will die Frage nicht ganz negieren, aber will sehr klar darauf hinweisen, dass sich Selbstverachtung und innere Freiheit eher beißen. Selbstverachtung weist nämlich sehr stark darauf hin, dass es noch einiges an uns gibt, das wir nicht zu lieben in der Lage sind. Dadurch gibt es auch einiges, das uns an anderen missfällt. Das beschränkt unsere innere Freiheit zweifelsohne. Wir werden auf gewisse Reizpunkte nicht immer erwünschte Reaktionen zeigen können und tragen innere Spannungen und Lasten mit uns herum, die unsere innere Freiheit fesseln. Das Potential der inneren Freiheit schlummert in der sich selbstverachtenden Person und wartet darauf, durch die Liebe und die Selbsterkenntnis freigesetzt zu werden.

Und die dritte Frage war, wieso die Authentizität so eng mit den Begriffen der inneren Freiheit, der Selbsterkenntnis und der Liebe zusammenhängt. Die Antwort auf diese Frage liegt auf der Hand. Um wirklich authentisch sein zu können, müssen wir unser Selbst erkannt haben. Die Verbindung zwischen Selbsterkenntnis und Liebe haben wir bereits herausgearbeitet und die zentrale Erkenntnis des ersten Kapitels bestand darin, dass der authentische Mensch jener ist, der sich selbst bedingungslos zu lieben gelernt hat. Und kein Mensch ist innerlich freier als der, der sich bedingungslos liebt.

Zur inneren Freiheit benötigen wir den anderen, auch wenn er es ist, der uns den Weg streckenweise zu erschweren scheint. Frankls Gedanke, dass der höchste Grad an innerer Freiheit darin besteht, dass wir auf jeden Reiz unsere Reaktion selbstbestimmt wählen können, lässt sich dann am besten leben, wenn wir mit uns selbst und dadurch auch dem anderen im Reinen sind. Und genau darauf, werden wir unser Augenmerk im dritten und letzten Teil dieses Buches richten.

Kapitel-Highlights

- Innere Freiheit und Authentizität hängen unmittelbar miteinander zusammen. Wir können nicht frei sein, ohne authentisch zu sein und anders herum.
- Solange wir andere Personen anhimmeln oder verachten, ist keine innere Freiheit möglich.
- Wir setzen den anderen frei, wenn wir selbst frei und authentisch sind. Oft verstellen wir uns nur vor verschlossenen und aufgesetzten Menschen und haben Schwierigkeiten mit dem Authentisch-Sein.
- Das Paradoxon der Freiheit: wer sich selbst als besonders frei, mächtig, wohlhabend, etc. darstellt, spielt uns oft nur etwas vor und versucht einen Mangel zu kompensieren.
- Die Begriffe Liebe, Selbsterkenntnis, Authentizität und innere Freiheit sind alle miteinander verbunden.
- Die bedingungslose Selbstliebe führt zur inneren Freiheit und ermöglicht, den anderen bedingungslos lieben zu können.

Teil 3: Du mit Dir und der Welt

Kapitel 7: Was es heißt, sich selbst zu kennen

*„Inwendig lernt kein Mensch sein Innerstes Erkennen.
Denn er mißt nach eignem Maß sich bald zu klein und leider oft
zu groß.
Der Mensch erkennt sich nur im Menschen,
nur das Leben lehret jeden was er sei."*
Johann Wolfgang von Goethe

Am Samstagabend den 15. August 2015 saß ich mit meinen beiden jüngeren Brüdern zum Abendessen im *One & Only Hotel* bei der Waterfront in Kapstadt. Wir hatten uns über ein halbes Jahr nicht gesehen und freuten uns alle darauf, mal wieder Zeit füreinander zu haben und uns länger austauschen zu können. Zuerst unterhielten wir uns über alltägliche Dinge, wie sich die Projekte von uns weiterentwickeln, was er für Neuigkeiten gibt und wie wir im und mit dem Leben zurechtkommen. Doch als wir aufgegessen hatten, entwickelte sich unser Gespräch in eine andere Richtung, die mich äußerst positiv überraschte und mir verdeutlichte, wie sehr meine Brüder während ihrer Auslandszeit gereift waren. Der Auslöser des Gesprächs war eine Bemerkung meines zweitjüngsten Bruders Immanuel über unser Frühstück an dem Tag, bei dem auch seine Freundin mit dabei war. Er hatte sie mir zum ersten Mal vorgestellt und wir haben uns auf Anhieb super verstanden und uns intensiv ausgetauscht. Rückblickend sagte er dann: „Joni, wenn ich dich manchmal so reden und erzählen höre, und du davon sprichst, was du machst und was dich bewegt, habe ich stellenweise das Gefühl, dich gar nicht so recht zu kennen."
Ein langer Augenblick Stille.
 Ich weiß, dass er solche Aussagen gut reflektiert und seine Worte weise wählt, weswegen mich seine Bemerkung auch sehr

nachdenklich stimmte. Er hat dann noch ergänzt, dass es bei den meisten Mitmenschen in seinem Umfeld und u.a. auch bei unserem ältesten Bruder noch deutlich intensiver wäre, aber wir wollten an dem Abend über unser Verhältnis sprechen. Mein jüngster Bruder Daniel hörte der Unterhaltung hoch aufmerksam zu, hielt sich aber vorerst zurück.

In meinem Kopf ratterte es. Ich war auf seine Aussage nicht unbedingt vorbereitet und wusste auch erst einmal nicht so recht, was ich ihm erwidern sollte. Ich habe ein gutes und enges Verhältnis zu all meinen Brüdern, wofür ich sehr dankbar bin. Zu hören, dass ein Mensch, mit dem ich viel Zeit in meinem Leben verbracht habe und der mir mit am nächsten steht, das Gefühl hat, mich nicht zu kennen, änderte schlagartig meine Sichtweise auf unsere Beziehung, aber auch auf die Beziehungen, mit anderen Menschen in meinem Leben. Immanuel machte mir schnell klar, dass ich es keineswegs als Affront verstehen sollte, es ihm aber auf der Seele lag, das mal angesprochen zu haben, was ich gut nachvollziehen konnte und als wichtig erachtete.

Bevor wir lange und intensiv über die Frage sprachen, was es heißt, sich selbst zu kennen und was es heißt, jemanden anderen zu kennen, sagte ich noch zu Immanuel, dass wir nur in wenigen Fällen einen Menschen wirklich kennenlernen und dass viele durchs Leben gehen, ohne wirklich jemanden gekannt zu haben. Allein uns selbst zu kennen, ist eine der schwierigsten Aufgaben und Herausforderungen im Leben und jemand anderen kennen zu wollen, hebt das noch einmal auf ein anderes Level. Ich glaube, dass wir uns erst selbst gut kennen müssen, bevor wir davon sprechen können, dass wir eine andere Person kennen; wie mit der Liebe. Auch Daniel war jetzt voll im Gespräch involviert und stellte eifrig Fragen: „Wann weiß ich, dass ich mich selbst kenne? Wieso ist es so schwierig, sich selbst zu kennen – wir kennen doch niemanden besser als uns selbst und sind uns selbst am nächsten, oder? Außerdem reden wir doch die ganze Zeit davon, dass wir jemanden kennen gelernt haben, und dass wir jemanden gut kennen – verstehen wir hier etwas anderes unter kennen?" Er bohrte wirklich tief und ließ nicht locker.

Die Fragen, die er stellte, sind der Kern dieses Kapitels. Wenn wir in Harmonie mit uns selbst leben möchten, ist es ganz zentral, dass wir uns selbst gut kennen bzw. immer besser kennenlernen und erkennen. Als eine der größten Tragödien des Lebens erachte ich es, wenn wir Menschen physisch oder aufgrund familiärer Beziehungen zwar nahe stehen, doch uns irgendwann eingestehen müssen, dass wir diesen Menschen eigentlich überhaupt nicht kennen bzw. ihn nie kennengelernt haben. Was heißt es also, sich selbst und andere zu kennen?

Werte, Prioritäten & Überzeugungen

Ganz eng verbunden mit der Frage der Selbstkenntnis, ist die große philosophische Frage *Was ist der Mensch*. Auf diese Frage wurden über Jahrhunderte und -tausende immer wieder verschiedene Antworten und Ansätze geliefert und es entstehen stets neue Felder, vor allem im neurologischen Bereich, die sich damit befassen. Das zeigt uns direkt zu Beginn, dass wir diese Frage auf verschiedenen Ebenen angehen und vertiefen können. Ein Philosoph antwortet anders als ein Mediziner oder Neurologe. Wobei dazu gesagt werden muss, dass auch die Philosophen die unterschiedlichsten Ansichten vertreten und keineswegs Einigkeit herrscht. Ich will die verschiedenen Ebenen der Fragestellung sukzessive aufbauen und durchleuchten und als Grundlage dazu ein paar Gedanken aus *Fü(h)r Dich Selbst* rekapitulieren.

Schwer zu bestreiten ist, dass wir Menschen einen physischen Körper bewohnen. Ebenfalls schwer zu bestreiten ist, dass wir in der Lage sind zu denken. Als der französische Philosoph René Descartes in seinen Überlegungen versucht hat, alles radikal anzuzweifeln, alles scheinbare Wissen kritisch zu hinterfragen und dann aus diesem Zweifel heraus, Gewissheit über Erkenntnisse bilden zu können, waren das zwei seiner Grunderkenntnisse, die zu seinem weltbekannten *cogito ergo sum* geführt haben – *ich denke, also bin ich*. Seine Überlegung war: „*Da es ja immer noch ich bin, der zweifelt, kann ich an diesem Ich, selbst wenn es träumt oder phantasiert, selber nicht mehr zweifeln.*" Für ihn war die Erkenntnis des denkenden Ichs sogar größer als die Erkenntnis und Wahrnehmung des physischen Körpers.

Wie unser materieller und grobstofflicher Körper und unser mentaler feinstofflicher Teil zusammenhängen, aufeinander wirken und miteinander interagieren ist die zentrale Frage des bisher ungelösten Leib-Seele-Problems. Anstatt mich also direkt auf äußerst dünnes Eis zu begeben, will ich wie Descartes erst einmal mit einigen Gewissheiten beginnen.

Die Art der Fragestellungen über das Leben und die Welt, die vorrangig Philosophen gestellt haben, veränderten sich enorm mit dem Auftreten von Sokrates im 5 Jahrhundert vor Christus. Während die großen Denker vor Sokrates sich damit auseinandergesetzt haben, was der Kosmos und was die Welt ist (eher naturphilosophische Fragestellungen), hat Sokrates den Fokus auf den Menschen gerichtet und wollte wissen, was ein tugendhaftes Leben ist, was den Menschen zum Handeln bewegt, was ein ethisches Leben ausmacht, wann ein Charakter gut ist und was Glück bedeutet. Der bekannteste Sokrates-Schüler Platon hat diese Fragen in seinen Dialogen vertieft und dessen Schüler Aristoteles hat sich neben anderen Gebieten auch sehr intensiv mit diesen Fragen beschäftigt. Da diese Fragen einen derart hohen Stellenwert gewannen, ist daraus eine eigene Disziplin entstanden, die sich die Teleologie nennt. Teleologie setzt sich zusammen aus dem *Telos* und dem *Logos*. Der Telos stellt dabei das höchste und letzte Ziel dar, das um seiner selbst Willen angestrebt wird und auf nichts anderes mehr ausgerichtet ist. Teleologie ist somit die Lehre (*Logos*) vom höchsten Gut und höchsten Ziel. Bedeutung für unsere Ausführungen hat das deshalb, weil es einen Aufschluss über unser Handeln und die damit verbundenen Motive bietet. Und sich selbst zu kennen, bedeutet unter anderem, genau zu wissen, was einem wichtig ist – also welche Prioritäten und Werte man sich im Leben setzt, was einen zum Handeln bewegt, und nach welchen Überzeugungen man leben will.

Die eigenen individuellen Werte, Prioritäten und Überzeugungen zu kennen und zu wissen, woher diese kommen und wieso sie vertreten und gelebt werden, stellt einen ganz zentralen Teil der Selbsterkenntnis dar. Unser alltägliches Leben, Handeln und Tun gibt den besten Aufschluss über diese drei Aspekte. Denn das, was wir als unsere höchste Priorität ansehen, machen wir, ohne dazu angetrieben oder motiviert werden zu müssen. Wir machen es aus Liebe zur Sache und können nicht davon abgehalten werden. Es gibt uns Energie, Kraft und Sinn, wenn wir tun, was uns am wichtigsten ist. Wir denken immer wieder darüber nach (Eminem hat z.B. mal in einem Interview gesagt, dass er den ganzen Tag lang über Reime und potenzielle Songtexte nachdenkt. Er meinte, er könne gar nicht damit aufhören.), sprechen am liebsten mit anderen darüber und nehmen die Dinge am stärksten wahr, die damit zusammenhängen. Unsere Entscheidungen können fast ausnahmslos auf diese drei Aspekte zurückgeführt werden. Wenn wir die freie Wahl haben, dann tun wir immer die Sache lieber, von der wir uns einen höheren Wert erwarten, die uns wichtiger ist und uns am meisten am Herzen liegt. Auch der beliebte Begriff des selbstbestimmten Lebens ist eng hiermit verbunden. Denn ein selbstbestimmter Mensch ist der, der entsprechend seiner höchsten Werte und Prioritäten lebt, im Vergleich zum fremdbestimmten Menschen, der sich von den Ansichten, Werten und Prioritäten seines Umfelds formen lässt, danach lebt und sich selbst und seine innere Stimme somit unterdrückt und verstummen lässt.

Der Begriff der Priorität, der den Vorrang einer Sache ausdrückt, trägt dadurch in sich bereits etwas Hierarchisches, weswegen ich ihn hier für sehr passend erachte. Denn, wenn die Teleologie von einem höchsten Ziel spricht, dann muss es auch Ziele mit niedrigerem Stellenwert geben. Und wenn wir von einer teleologischen Struktur oder einem teleologischen System sprechen, dann bedeutet das stets, dass es klare Abstufungen und Rangordnungen gibt. Bei individuellen Prioritäten ist genau das der Fall. Sie unterliegen einer hierarchischen Ordnung, was bedeutet, dass zwei Dinge, nie genau denselben Wert für uns haben können, sondern eine Sache immer wichtiger als eine andere sein muss. Dabei geben wir, wenn wir rational und frei handeln, stets die niedere für die höhere Priorität auf, wenn wir vor die Wahl gestellt werden. Prioritäten spiegeln sich ausnahmslos in unserem Handeln wider. Wenn wir meinen, etwas wäre von hoher Priorität für uns – was nicht selten vorkommt – aber nicht regelmäßig entsprechend handeln, dann machen wir uns selbst etwas vor. Denn das, von dem wir glauben, es ist uns wichtig, haben wir tatsächlich von jemand anders übernommen, oder es wäre stärker in unserem Handeln integriert.

Der Begriff des Wertes ist dem Begriff der Priorität ähnlich, aber etwas breiter. Obwohl die beiden Begriffe in einigen Werken synonym verwendet werden, sollten wir vorsichtig dabei sein. Wenn wir von Werten sprechen, ist die Bedeutung enorm kontextabhängig. An sich hat der Begriff aber, wie die Priorität, eine hierarchische Note – um nicht in eine Tautologie zu verfallen und zu sagen, er hätte etwas Wertendes. Wenn wir etwas bewerten, liegt es auf der Hand, dass wir einer Sache, Handlung oder Person einen Wert zuschreiben. Wir bezeichnen etwas als wertvoll, wenn es Gehalt, Bedeutung, Wichtigkeit und eben einen Wert hat oder schafft. Im wirtschaftlichen Rahmen heißt es oft, dass Unternehmen einen Wert haben, und dieser eben davon abhängt, wie viel Wert das Unternehmen für ihre Stakeholder schafft. Der Wert von Gütern wird dabei oft durch die Nachfrage und somit von *den anderen* bestimmt. Während der Flüchtlingskrise ist immer wieder die Frage aufgetaucht, welche Werte wir als Land leben und vermitteln wollen.

Im Kontext unserer Überlegungen hinsichtlich der Selbstkenntnis schwingt beim Begriff Wert oft eine moralische Note mit. Für welche (moralischen) Ansichten machen wir uns stark? Für was setzen wir uns ein? Was können wir guten Gewissens gutheißen und was können wir mit unserem Gewissen unter keinen Umständen vereinbaren? Das sind Fragen, die oft in diesem Kontext auftreten. Doch noch wichtiger als die moralische Komponente des Wertbegriffs, ist mir der Faktor, der auch durch die Priorität zum Ausdruck gebracht wird, nämlich, dass Werte von uns gelebt werden, wir ihnen eine Rolle und Wichtigkeit zuschreiben, die sich in unserem Handeln reflektiert. Wenn hier also von Werten die Rede ist, dann ist damit eine Aktivität verbunden, die uns wichtig und in sich von Bedeutung für uns ist. Der Wert einer Sache wird von uns gegeben. Ein Wert ist stets durch ein Subjekt geprägt; objektive Werte festzulegen liegt nicht im Ermessen eines Subjekts. Als unseren höchsten Wert könnten wir die Sache verstehen, die uns unserem Telos am nächsten bringt. Nehmen wir an, der Telos wäre wie bei Aristoteles die *eudomoneia* – das Glück mit dem Leben als Ganzes vollkommen in Einklang zu sein und es gemäß den eigenen Fähigkeiten zu leben, so dass diese voll entfaltet werden können – dann könnte der höchste Wert beispielsweise in der philosophischen Reflexion liegen, sofern wir uns davon versprechen, dass sie uns dem Telos schrittweise näher bringt.

Auch Überzeugungen lassen sich wunderbar in unserem Handeln erkennen.[8] Wenn wir von einer Sache überzeugt sind, spiegelt sich das in unserem Tun wider. Überzeugungen sind sehr stark verwurzelte und ausgeprägte Ansichten, die wir als wahr erachten. Wer sich selbst kennen will, muss sich auch seiner Überzeugungen bewusst sein und sie immer wieder kritisch hinterfragen. Die wohl spannendste Frage im Bezug auf unsere Überzeugungen ist die Frage nach deren Ursprung und inwieweit wir in unseren Überzeugungen von anderen geprägt bzw. überzeugt wurden. Wir können Überzeugungen zwar auch durch Erfahrungen,

---

8 Um hier kein neues Fass aufzumachen, werde ich es vermeiden, den Begriff der Überzeugung streng von den verwandten Begriffen der Meinung, der Vermutung und des Glaubens abzugrenzen. Im dritten Teil vom dritten Buch aus De Anima hat Aristoteles hierzu geschrieben: „denn es ist nicht möglich, dass jemand, der eine Meinung hat, von dem, was ihm wahr zu sein scheint, nicht überzeugt ist"

Beobachtungen und eigenes Nachdenken bilden, doch sind wir in unseren Ansichten auch durchaus mehr oder weniger stark von unserem Umfeld beeinflusst. Wie könnten wir auch etwas anderes erwarten? Wovon wir überzeugt sind, bildet sich nun mal bereits in jungen Jahren aus und kann über ein Leben bestand haben. Nehmen wir als Beispiel die Weltgeschichte, die viele von uns größtenteils durch den Schulunterricht erlernen. Es heißt *„History is always written by the victors – Geschichte wird immer von den Gewinnern geschrieben."* Als ich zwei Jahre lang in Südafrika zur Schule ging, ist mir hier ein Licht aufgegangen. Ich habe gemerkt, von wie vielen verschiedenen Blickwinkeln Geschichte unterrichtet und erklärt werden kann. Einige meiner Überzeugungen, die ich mir nach und nach durch den Geschichtsunterricht hier in Deutschland aufgebaut hatte, wurden auf den Kopf gestellt, als ich durch die neue Sichtweise begonnen habe, Geschichte aus verschiedenen Perspektiven zu betrachten. Der zweite Weltkrieg wird zum Beispiel in Amerika anders gelehrt als in Japan und in Russland, Frankreich und England wird er garantiert wiederum anders unterrichtet.

Ähnlich ist es mit Religionen. „Habe ich – und etliche andere evangelische Jugendliche in Deutschland – mich mit 14 Jahren aus Überzeugung konfirmieren lassen oder weil ich durch den Glauben meiner Eltern und meiner Gesellschaft so geprägt bin?", fragte ich mich einige Jahre danach rückblickend. Ich befürchte eher letzteres. Doch die christlichen Überzeugungen waren trotzdem tief verankert. Wie wäre es wohl gewesen, wäre ich in einem schwarzen Stamm in Kenia, bei den Aborigines in Australien, bei den Mönchen im Himalaya oder im streng islamischen Saudi-Arabien aufgewachsen? Wie sähen dann meine Überzeugungen heute aus? Bin ich in meinen Überzeugungen wirklich frei oder werden diese mir auferlegt und ich rede mir nur ein, dass ich meine Überzeugungen frei gewählt habe? Klar kann ich aus meiner heutigen Sicht, die ich als frei gewählt empfinde, leicht sagen, dass ich Überzeugungen ändern kann, dass wir das Privileg der Meinungsfreiheit haben, dass sich jeder selbst von den Dingen und seinen

Wahrnehmungen überzeugen kann und muss. Ob ich diese Sicht und Wahrnehmung jedoch heute vertreten und leben würde, wenn ich nicht von weitestgehend liberalen Eltern großgezogen wäre, bleibt unbeantwortet. Nicht selten haben Überzeugungen weitreichende Konsequenzen. Wenn ich unter anderen Umständen für einen Wandel meiner Überzeugungen mit meinem Leben oder anderen schwerwiegenden Konsequenzen zu zahlen hätte, weiß ich nicht, wie leicht es mir fallen würde, Aussagen wie die folgende zu fällen, auch wenn diese zutreffen mag: „Ändere deine Überzeugungen und dein Leben wird sich ändern." Unabhängig davon, wo wir herkommen, gilt jedoch, dass sich unsere Überzeugungen mit unserer (Selbst-) Erkenntnis ändern und entwickeln. Wir beginnen zunehmend damit, kleine Puzzle zusammenzusetzen und Zusammenhänge zu verstehen, die sich auf unsere Überzeugungen auswirken.

Eine schöne und meiner Ansicht nach sehr treffende Analogie bezüglich der Religionen, ist die des Hauses mit den vielen verschiedenen Fenstern. Jede Religion stellt dabei ein Fenster dar, durch das wir die *Außenwelt* und die Wirklichkeit erkennen. Durch je mehr Fenster wir blicken, umso klarer, wahrheitsgetreuer und objektiver wird unsere Weltsicht und unser Glaube. Das ist auch der Grund wieso viele große Geister sich mit Studien in komparativer Religion befasst haben. Eine ähnliche Botschaft über die Erkenntnis vermittelt uns das Gleichnis der blinden Männer und des Elefanten, dessen Quelle nicht ganz klar ist.[9] Es gibt ein paar unterschiedliche Varianten von dem Gleichnis, wobei die Kernbotschaft dabei stets die Gleiche ist.

„Im Gleichnis *Die blinden Männer und der Elefant* untersucht

---

9 „Das Gleichnis scheint in Südasien entstanden zu sein, aber seine Originalquelle ist noch in der Diskussion. Es wurde dem Sufismus, Jainismus, Buddhismus, oder Hinduismus zugeschrieben und wurde in all diesen Glaubensrichtungen verwendet. Auch Buddha verwendet das Beispiel von Reihen blinder Männer, um die blinde Gefolgschaft eines Führers oder eines alten Textes, der von Generation zu Generation weitergegeben wurde, zu illustrieren. Die im Westen (und dort hauptsächlich im englischen Sprachraum) am besten bekannte Version ist das Gedicht von John Godfrey Saxe, aus dem 19. Jahrhundert." (https://de.wikipedia.org/wiki/Die_blinden_Männer_und_der_Elefant)

KAPITEL 7

eine Gruppe von Blinden – oder von Männern in völliger Dunkelheit – einen Elefanten, um zu *begreifen*, worum es sich bei diesem Tier handelt. Jeder untersucht einen anderen Körperteil (aber jeder nur *einen* Teil), wie zum Beispiel die Flanke oder einen Stoßzahn. Dann vergleichen sie ihre Erfahrungen untereinander und stellen fest, dass jede individuelle Erfahrung zu ihrer eigenen, vollständig unterschiedlichen Schlussfolgerung führt.

Im Gleichnis steht die *Blindheit* (oder das *im Dunkeln sein*) für *nicht in der Lage sein, klar zu erkennen*; der Elefant steht für eine *Realität* (oder eine *Wahrheit*).

Die Geschichte soll aufzeigen, dass die Realität sehr unterschiedlich verstanden werden kann, je nachdem, welche Perspektive man hat oder wählt. Dies legt nahe, dass eine scheinbar *absolute Wahrheit* durch tatsächliche Erkenntnis von nur unvollständigen Wahrheiten auch nur „relativ absolut" oder „relativ wahr", d.h. individuell und subjektiv, verstanden werden kann."[10]

Je mehr Puzzleteile (Fenster bzw. Körperteile des Elefanten in unserem Beispiel) wir zusammensetzen, umso fester werden unsere Überzeugungen und umso mehr haben wir uns von den Ansichten unseres Umfelds lösen können. Beim Bilden von Überzeugungen ist es oft so, dass wir mit einer ersten Überzeugung beginnen, die wir von irgendwem übernommen haben, und irgendwann stoßen wir auf einen Menschen, ein Buch[11], oder etwas anderes, dass genau die gegensätzliche Überzeugung vertritt. Jetzt kann es natürlich sein, dass wir in unserer Überzeugung so festgefahren sind, dass wir der anderen Seite überhaupt keine Aufmerksamkeit und kein

---

10 (https://de.wikipedia.org/wiki/Die_blinden_Männer_und_der_Elefant)
11 Wie in der Einleitung erwähnt meinte Kafka hierzu einmal etwas radikal zu einem Freund: „Ich glaube man sollte überhaupt nur solche Bücher lesen, die einen beißen und stechen. Wenn das Buch, das wir lesen, uns nicht mit einem Faustschlag auf den Schädel weckt, wozu lesen wir dann das Buch? Damit es uns glücklich macht, wie Du schreibst? Mein Gott, glücklich wären wir eben auch, wenn wir keine Bücher hätten, und solche Bücher, die uns glücklich machen, könnten wir zur Not selber schreiben. Wir brauchen aber die Bücher, die auf uns wirken wie ein Unglück, das uns sehr schmerzt, wie der Tod eines, den wir lieber hatten als uns, wie wenn wir in Wälder verstoßen würden, von allen Menschen weg, wie ein Selbstmord, ein Buch muß die Axt sein für das gefrorene Meer in uns. Das glaube ich."

offenes Ohr schenken, darüber hinweglächeln und unsere Überzeugung weiterhin als die absolute Wahrheit betrachten. Es kann allerdings auch sein, dass wir innehalten, uns die Überzeugung des anderen genau anhören, sie zu verstehen versuchen, und sie nun anhand unserer eigenen Überzeugung abgleichen. Vielleicht regt es uns derart zum Nachdenken an, dass wir uns immer mehr in das Thema vertiefen, immer weitere Überzeugungen kennenlernen, dadurch immer wieder unseren Standpunkt festigen, korrigieren und anpassen können und schlussendlich nachdem wir etliche Blickwinkel betrachtet haben und *den ganzen Elefanten abgetastet haben,* gelangen wir zu einer wirklich eigenen und durchdachten Überzeugung, für die wir uns aus guten Gründen stark machen können und wenn es um die Frage des gelungenen Lebens geht, dann auch eine, die wir leben – und zwar aus Überzeugung.

Je mehr wir darum bemüht sind, unsere eigenen Überzeugungen zu bilden, indem wir unsere bestehenden und oft übernommenen Überzeugungen hinterfragen, durch konträre und abweichende Ansichten reflektieren und dadurch immer wieder überdenken und anpassen, umso mehr gelangen wir an einen Punkt, an dem wir sagen können, *„das bin Ich und das sind auch wirklich meine Überzeugungen."* Sonst unterliegen wir oft einfach den Überzeugungen anderer, glauben irgendwann es wären unsere eigenen, und führen ein Leben im *Man.* Uns selbst kennen (lernen) tun wir auf diesem Wege nicht.

Die Ausführungen über den Einfluss des Umfelds auf unsere Überzeugungen bringen uns zurück zum angesprochenen Über-Ich von Freud. Je mehr wir uns dabei einer Person unterordnen und diese bewundern, umso anfälliger sind wir, dessen Überzeugungen blind und ohne nachzudenken zu übernehmen. Gleichzeitig ist es oft so, dass wenn wir uns als Über-Ich, als Over-Dog und als jemandem überlegen ansehen, dann sind wir für die Überzeugungen der anderen Person kaum empfänglich.

Das Über-Ich sowie Unterordnung und Vergleiche spielen auch bei den Prioritäten und Werten eine ganz zentrale Rolle. Einer der Hauptgründe, wieso wir nicht entsprechend unserer Prioritäten und Werte und somit gemäß unseres Selbst leben, ist nämlich das Über-Ich. Durch Unterordnung und den Vergleich mit anderen beginnen wir, unsere eigenen Prioritäten und Werte zu negieren, übernehmen die einer anderen Person und versuchen unser Leben und Handeln nun demnach auszurichten, was zum Scheitern verurteilt ist und zu Unzufriedenheit führt. Es ist auch der Weg vom Selbst weg, statt zum Selbst hin. Und uns selbst kennen lernen, können wir so auch nicht, da Selbstkenntnis, wie bereits angesprochen, u.a. bedeutet, das eigene Leben gemäß der *eigenen* (!) Werte, Prioritäten und Überzeugungen zu führen.

Verschiedene Grade und Ebenen der Selbstkenntnis

Sich selbst kennen, ist auf verschiedenen Ebenen möglich. Während wir unsere Identität und die Dinge, mit denen wir uns gerne identifizieren, oft mit unseren Werten und Prioritäten zusammenbringen, können wir uns als menschliches und körperliches Wesen sowie als spirituelle Entität kennen lernen.

Wenn wir einen hohen Wert auf unsere Selbstständigkeit legen, sagen wir „Ich bin Unternehmer", sind wir eher auf kreatives Schaffen aus, sagen wir eher „Ich bin Künstler", wenn uns die Bildung besonders am Herzen liegt, sagen wir „Ich bin Akademiker, Lehrer, Student, o.ä.". Ich denke es ist klar, worauf ich hinauswill. In dieser Hinsicht ist unsere Sprache ein wunderbarer Indikator über unsere Werte, Prioritäten und somit auch einen Teil unserer Identität. Mit Dingen, die verleugnete Teile von uns darstellen, wollen und können wir uns nicht identifizieren. Wir sagen dann gerne: „Das bin ich einfach nicht, das kann ich nicht und das weiß ich nicht."

Sich auf körperlicher Ebene zu kennen, hat in sich bereits verschiedene Grade. Zu wissen wie der Körper aufgebaut ist, welche Systeme, Organe, usw. in ihm stecken, hilft zwar dabei, ein klares Bild des menschlichen Körpers zu haben, doch reicht das noch nicht dafür aus, sagen zu können, dass wir unseren eigenen Körper wirklich kennen.

Kennenlernen tun wir unseren Körper schrittweise, indem wir zunehmend eine Verbindung zur mentalen Ebene aufbauen. Wir entwickeln dadurch ein Gespür, was unser Körper zu leisten in der Lage ist – wobei wir das oft extrem unterschätzen; was ihm Energie gibt und wodurch er Energie verliert – Schlaf, Ernährung, Verdauung, Sex, etc.; was ihm gut tut und was ihm schadet; und was ihn anspannen und entspannen lässt. In ... *trotzdem Ja zum Leben sagen* schreibt Frankl, dass er während seiner Zeit in Auschwitz seinen Körper noch einmal ganz anders kennen gelernt hat. Er meinte, dass der Nahrungsmangel und die harte Arbeit ihm die unbeschreibliche Zähigkeit eines Körpers bewiesen hat, wenn dieser mit der mentalen Ebene verbunden war. Er hat beispielsweise beschrieben, wie unglaublich resistent, funktions- und anpassungsfähig sein Kiefer und seine Zähne wurden, obwohl er diese kaum pflegen konnte. Der Körper, den wir bewohnen, ist ein Phänomen, das wir selbst auf wissenschaftlicher Ebene noch nicht umfassend zu greifen gekriegt haben. Unser Gehirn ist das Musterbeispiel dafür. Vieles von der Genialität unseres Körpers ist bis heute ein Mysterium und wird immer wieder auf unterschiedliche Art und Weise zu erklären versucht.

Wir erkennen unseren Körper – wie unser Selbst – Kreis für Kreis, Stufe um Stufe und nicht von Heute auf Morgen. Unser Körper ist ein genialer Organismus, der uns dabei unterstützt, unseren Telos zu leben und zurück zu unserem Selbst zu gelangen. Denn sobald wir gegen unser Selbst, gegen unsere Überzeugungen und das, wofür wir als Mensch stehen, handeln, überträgt sich das auf unseren Körper. Es entstehen innere Spannungen, wir fühlen uns leichter und schneller leer und ausgebrannt. Womöglich werden wir sogar krank, unser Energielevel sinkt und die Leistungs- und Funktionsfähigkeit des Körpers nimmt ebenfalls ab. Unser Körper ist unser bester Freund, der stets mit uns zu kommunizieren sucht und uns dabei unterstützen will, unseren eigenen Weg, der unserem authentischen Selbst entspricht, zu gehen. Diese Botschaften erkennen und wahrnehmen zu können, ist ein zentraler Aspekt der Selbstkenntnis des Körpers.

Die angesprochene spirituelle Komponente und uns selbst als spirituelle Entität zu kennen, stellt auch für den Körper einen weiteren wichtigen Faktor dar. Denn auch wenn nicht eindeutig klar ist, wie der Zusammenhang und die Verbindung zwischen dem mentalen und dem physischen Bereich aussieht, so ist es dennoch schwer anzuzweifeln, dass hier keine Wechselwirkung bestehen würde. Aussagen wie *„In einem gesunden Körper wohnt ein gesunder Geist"* sind nicht zufällig entstanden. Wir merken, dass wir uns auf mentaler Ebene stärker fühlen, wenn wir auf körperlicher Ebene Vitalität vermelden können. Und genauso können wir durch einen starken Willen, mentale Ausgeglichenheit und Stärke, auch über geglaubte Limitierungen unseres Körpers hinauswachsen.

Die antike Inschrift *Erkenne Dich Selbst* bezog sich auf die Erkenntnis dessen, was wir im Kern unseres Wesens sind. Sein wahres Selbst ergründen zu wollen, transzendiert die körperliche Ebene um einiges. Über dieses Selbst zu sprechen und es in Worte packen zu wollen, würde uns bereits davon distanzieren. Im Hinduismus heißt es, dass allein das Reden über die Wahrheit, einen von der Wahrheit entfernt. Mit dem Selbst ist es ähnlich. Auch wenn ich in der Lage wäre, das Selbst beschreiben zu können, würde ich ihm dadurch nicht gerecht werden. Das Selbst greifen zu wollen, bewegt uns in Sphären jenseits der Empirie, weil unsere Sinne für das Überirdische, das wir laut Religionen und vielen großen Denkern unseres Wesens nach sind, blind und unempfänglich sind. Hesse stellt auch diesen Gedanken in seinem Siddhartha durch ein Gespräch zwischen Siddhartha und dem Buddha Gotama wunderbar dar. Dort sagt *Siddhartha* zu Gotama:

„Ich habe nicht einen Augenblick gezweifelt, daß du Buddha bist, daß du das Ziel [der Selbsterkenntnis] erreicht hast, das höchste, nach welchem so viel tausend Brahmanen und Brahmanensöhne unterwegs sind. Du hast die Erlösung vom Tode gefunden. Sie

ist dir geworden aus deinem eigenen Suchen, auf deinem eigenen Wege, durch Gedanken, durch Versenkung, durch Erkenntnis, durch Erleuchtung. Nicht ist sie dir geworden durch Lehre! Und – so ist mein Gedanke, o Erhabener – keinem wird Erlösung zuteil durch Lehre! Keinem, o Ehrwürdiger, wirst du in Worten und durch Lehre mitteilen und sagen können, was dir geschehen ist in der Stunde der Erleuchtung! Vieles enthält die Lehre des erleuchteten Buddha, viel lehrt sie, rechtschaffen zu leben, Böses zu meiden. Eines aber enthält die so klare, die so ehrwürdige Lehre nicht: sie enthält nicht das Geheimnis dessen, was der Erhabene selbst erlebt hat, er allein unter den Hunderttausenden."

In seiner Reflexion über Gotama und dessen Wesen, denkt sich Siddhartha: „*So habe ich noch keinen Menschen blicken und lächeln, sitzen und schreiten sehen. […] So wahrlich blickt und schreitet nur der Mensch, der ins Innerste seines Selbst gedrungen ist.*"

Unser Sein und die Tiefe unseres Selbst zu erkennen bzw. in das Innerste des Selbst zu dringen, stellt für mich persönlich den Telos des Lebens dar, auch wenn er etwas abstrakt sein mag. Ich glaube, dass wir alle ein inhärentes Streben und Verlangen danach haben, unser Selbst zu erkennen und der zu sein, der wir sind. Mit jedem gezogenen Kreis, was uns um eine Ebene nach oben in unserer Selbsterkenntnis auf spiritueller Ebene befördert, werden wir uns dessen bewusster; ruhen wir mehr in uns selbst und steigern wir unser Gespür für dieses Selbst, das unseren Wesenskern ausmacht. Ich glaube, dass wir alle an diesen Punkt gelangen werden – jeder zu seiner Zeit. Indem immer mehr Individuen ihre Kreissphäre erweitern und ein wachsendes Bewusstsein für ihr Selbst gewinnen, wird automatisch denen geholfen, die auf ihrer Reise noch nicht so weit sind.

<u>Sich selbst kennen & sich selbst verstehen</u>

An dieser Stelle will ich einen weiteren Zusammenhang der bisherigen Ausführungen in den Vordergrund stellen. Im ersten Kapitel lautete eine zentrale These, dass derjenige authentisch ist, der sich selbst bedingungslos liebt. Meine These hier lautet, dass nur derjenige sich selbst wirklich kennt, der auch authentisch ist. Diese These beruht auf dem Gedanken, dass wir nur die Dinge wirklich ihrem Wesen nach kennen können, die wir lieben und die wir uns somit auch angeeignet haben. Dinge, Menschen und uns selbst können wir nicht in vollem Ausmaß kennen, wenn wir nur Teile davon, meistens die, die wir als positiv wahrnehmen und einordnen, sehen wollen. Das, was wir an uns selbst verachten, was uns stört und was wir übermäßig anhimmeln und woran wir am stärksten hängen, hält uns davon ab, uns selbst kennen zu können. Solange wir die Augen vor unserer Ganzheit geschlossen halten, sind wir nicht dafür bereit, in das innerste unseres Selbst einzudringen. Wir kennen nur einen Teil, mit dem wir uns identifizieren wollen und können, und glauben dieser Teil zu sein. In unserem Elefantenbild würde das bedeuten, wir mögen unseren Rüssel besonders gerne, haben diesen erkannt und schließen dann darauf, ausschließlich Rüssel zu sein.

Das, wovor wir unsere Augen schließen, was wir auszublenden versuchen, wird uns im Leben zurückhalten. Es wird unser Leben und uns im Griff haben, anstatt, dass wir der Kapitän unseres Selbst sind. Das, was wir als getrennt von uns ansehen, ist genau das, was uns hindert, an unserem Selbst teilzuhaben und zu ihm zu gelangen. Jeder verleugnete Charakterzug hält uns klein, hält uns zurück und hält uns gefangen. Die Aneignung, auch wenn sie uns noch so schwer fallen mag, setzt uns frei und ermöglicht es uns, uns selbst zu erkennen.

Auch bei diesen Ausführungen ist die Latte ohne Zweifel sehr hoch gesteckt. Hesse schreibt nicht umsonst, dass Gotama einer von hunderttausend war, der dieses Erkenntnisstadium erlangt hat. Doch auch hier handelt es sich um eine Reise. Wir lernen uns selbst schrittweise kennen, indem wir selbstbewusst – gemäß unserer intrinsischen höchsten Prioritäten und Werte – und authentisch leben und uns selbst treu sind. Wenn wir nachahmen und versuchen, ein anderer zu sein, dann kann unser Kreis sich nicht ausweiten; dann bleibt unser Sammelalbum weitestgehend leer, dann verleugnen wir unser Selbst und können uns nicht kennen.

Der etwas paradox wirkende Gedanke, an dem ich sehr lange gekaut habe und es stellenweise immer noch tue, ist, dass wir uns gleichzeitig auch dann selbst zurückhalten, wenn wir die Reise zu verbissen angehen, wenn wir nicht loslassen können, wenn wir es uns verübeln, dass wir noch nicht so weit sind, wie wir es gerne wären, dass uns manche Einsichten und Bewusstseinsentwicklungen noch nicht gelungen sind. Oft ist es das Loslassen unseres verkrampften Wollens, dass uns den nächsten Schritt ermöglicht. Wenn wir, ohne uns selbst austricksen zu wollen, sagen können, dass wir mit uns selbst und unserer Umwelt im Reinen sind, so wie sie ist, dann sind wir bereit für die nächste Stufe. Die Sache, die wir nicht loslassen können/wollen, ist auch die Sache, die uns begrenzt hält. Die Sache, die wir allzu verbissen wollen, macht uns blind für den leuchtenden Weg zu ihr hin. Paradox ist dieser Gedanke, der sich durch Worte schwer greifbar und einleuchtend machen lässt, deshalb, weil es so oft heißt, dass wenn wir etwas wirklich wollen und hart und konsequent genug daran arbeiten, dass wir es dann auch erreichen können. Und dass, wenn wir uns zurücklehnen und nichts tun, da doch nichts bei rum kommen kann?!

Wird dürfen hier nicht dem Trugschluss unterliegen, dass Loslassen mit Nichtstun gleichzusetzen wäre. Auch im Loslassen liegt etwas Aktives. Für das Loslassen gibt es kein Patentrezept, kein 3-Schritte-System, wie wir es uns oft wünschen. Loslassen können wir, wenn wir bereit dafür sind. Es ist eine innere Einsicht, eine Erkenntnis, ein Bewusstwerden, das uns Loslassen möglich macht. Wir können uns hier kein Ziel setzen, wie bei anderen Dingen, und sagen in drei Monaten will ich soweit sein, loslassen zu können. Genau das würde uns von dem Zurückhalten, was wir wollen und wäre somit äußerst kontraproduktiv.

Mir ist bewusst, dass ein solcher Gedanke, in unserer schnelllebigen, auf Speed und Performance ausgerichteten Gesellschaft, nicht Jubelstürme hervorruft. Natürlich ist uns da der einfache und schnelle Weg lieber. Wir wollen am liebsten gestern schon angekommen sein, suchen verzweifelt Wege, alles noch mehr zu optimieren, noch besser, größer, schneller, und stärker zu machen, doch kann uns diese Haltung auch davon abhalten, genau dort hin zu gelangen. Klar, hat der Leistungsgedanke auch seinen Platz und hilft uns in ganz vielen Vorhaben und Bereichen weiter. Doch wenn wir ehrlich zu uns selbst sind, müssen wir uns eingestehen, dass die Dinge, die wirklich von Wert für uns sind und waren, einfach auch ihre Zeit beansprucht haben. Gehen lernen, hat nicht beim ersten Mal geklappt. Ein Yogi hat nicht in einem 5-Tage-Intensivkurs seine Fähigkeiten aufgebaut. Bruce Lee hat hierzu einmal wunderschön treffend gesagt: *"Ich habe keine Angst vor dem, der einmal 10.000 Kicks geübt hat, aber vor dem, der einen Kick 10.000 mal geübt hat."* Eine große Problematik unserer *Quick-Fixes Mentalität* und unseres Suchens nach Abkürzungen besteht darin, dass wir immer erst Resultate garantiert haben wollen, bevor wir uns einer Sache wirklich hingeben. Doch erst die Hingabe ermöglicht es uns, auch die gewünschten Resultate zu erzielen. Es gibt keinen Menschen, der in seinem Feld zu einer Koryphäe, zu einer Vorzeige- und Identitätsfigur wurde, der nicht selbst den steilen und steinernen Weg gegangen ist, der nicht die Dinge angepackt hat und sich der Sache für einen längeren Zeitraum hingegeben hat – anstatt wie die meisten, die nach dem ersten Gegenwind und Widerstand ihre Sachen packen und ihre Zelte abbauen.

Hier mag sich schnell wieder der Gedanke einschleichen, dass sie doch verbissen darum gekämpft hätten, dort hinzukommen, anstatt loszulassen und mit sich selbst und ihrer Umwelt im Reinen zu sein. Sie haben beides.

Diese Überlegungen bringen mich zu einer alten und bekannten Geschichte:

*Es kamen ein paar Suchende zu einem alten Zen Meister.
„Herr", fragten sie „was tust du, um glücklich und zufrieden zu sein?
Wir wären auch gerne so glücklich wie du."*

*Der Alte antwortete mit mildem Lächeln: „Wenn ich liege, dann liege ich. Wenn ich aufstehe, dann stehe ich auf. Wenn ich gehe, dann gehe ich und wenn ich esse, dann esse ich."
Die Fragenden schauten etwas betreten in die Runde. Einer platzte heraus: „Bitte, treibe keinen Spott mit uns. Was du sagst, tun wir auch. Wir schlafen, essen und gehen. Aber wir sind nicht glücklich. Was ist also dein Geheimnis?"*

Es kam die gleiche Antwort: „Wenn ich liege, dann liege ich. Wenn ich aufstehe, dann stehe ich auf. Wenn ich gehe, dann gehe ich und wenn ich esse, dann esse ich."

Die Unruhe und den Unmut der Suchenden spürend, fügte der Meister nach einer Weile hinzu: „Sicher liegt auch Ihr und Ihr geht auch und Ihr esst. Aber während Ihr liegt, denkt Ihr schon ans Aufstehen. Während Ihr aufsteht, überlegt Ihr wohin Ihr geht und während Ihr geht, fragt Ihr Euch, was Ihr essen werdet. So sind Eure Gedanken ständig woanders und nicht da, wo Ihr gerade seid. In dem Schnittpunkt zwischen Vergangenheit und Zukunft findet das eigentliche Leben statt. Lasst Euch auf diesen nicht messbaren Augenblick ganz ein und Ihr habt die Chance, wirklich glücklich und zufrieden zu sein."

Bevor ich diesen Punkt abrunde, will ich noch eine Unterscheidung einführen: Sich selbst kennen und sich selbst verstehen sind trotz mancher Parallelen nicht ein und dasselbe. Wer sich selbst kennt, der versteht sich auch selbst, aber wer sich selbst verstehen kann, muss sich nicht zwangsläufig auch selbst kennen. Sich selbst zu verstehen, bedeutet, sein Handeln einordnen zu können, zu wissen wieso man sich so entscheidet, wie man es tut, und Klarheit über die eigenen Emotionen und Gefühle zu haben. Um das zu können, muss man sich nicht notwendigerweise selbst erkannt haben. Ich kann mir auf intellektueller Ebene, Erkenntnisse zu Gefühlen, Emotionen und zur Art und Weise wie Entscheidungen getroffen werden, aneignen, die mir dabei helfen, mich selbst besser verstehen zu können. Aber wie Hesses Siddhartha sagt, kann ich nicht darüber sprechen, darüber lesen oder auf anderen empirischen Wegen zur Selbstkenntnis gelangen.

Wie wir Menschen Entscheidungen treffen, hängt enorm von unseren Werten, Prioritäten und Überzeugungen ab. Unsere Emotionen hingegen und worauf wir besonders stark reagieren, hängt eng mit unseren verleugneten Teilen zusammen. Wir können also oft einen Rückschluss ziehen und feststellen, dass wenn wir eine Reaktion gezeigt haben und uns etwas auf die Palme gebracht hat, muss das auch etwas mit uns zu tun gehabt haben. Bei Gefühlen ist es oft so, dass wir diese besser deuten und verstehen können, wenn wir uns schon ziemlich gut selbst kennen. Wenn wir in uns selbst noch nicht sonderlich gefestigt sind, dann machen wir uns bei Gefühlen oftmals etwas vor und verwechseln verschiedene Gefühle miteinander, sowie deren Ursachen.

Nehmen wir z.B. an, mein bester Freund heißt Patrick und schreibt auch Bücher. Sein Vorgehen ist allerdings ein ganz anderes als das Meine. Er schreibt nicht jeden Tag, sondern nur dann, wenn er sich gut fühlt und Lust auf Schreiben hat. Er ist deutlich inkonsequenter und produziert dadurch auch weniger Inhalte. Doch wenn er etwas schreibt, dann hat das auch Substanz. Wenn er schreibt, produziert er gehaltvolle Inhalte, die bei einer großen Leserschaft Anklang finden. Er ist bei großen Verlagen gefragt und verkauft eine Menge Bücher. Manchmal spreche ich dann mit anderen Freunden über Patrick und ärgere mich vor ihnen darüber, dass er nicht annähernd so hart arbeitet, viel mehr in einem Laissez-faire Stil vorgeht und trotzdem mehr vorzuweisen hat und bessere Ergebnisse erzielt. Meinen Ärger ordne ich selbst als gerechtfertigt ein und würde ihn als leichte Irritation deuten. Meine anderen Freunde erkennen allerdings sofort den Neid, der aus mir spricht, den ich mir selbst jedoch keineswegs eingestehen möchte. Somit unterliege ich einem Fehlurteil meiner Gefühle und missverstehe mich selbst. Derartige Missverständnisse sind keineswegs unnormal. Sie treten sehr geläufig auf, zumindest solange wir nicht einen hohen Grad an Selbstkenntnis erlangt haben. Unser Selbst verstehen zu lernen, ist also direkt an unsere Entwicklung der Selbstkenntnis gekoppelt.

Den anderen kennen und verstehen

Sowie wir uns selbst kennen, indem wir uns alle verleugneten Teile angeeignet haben, so kennen wir auch den anderen, indem wir uns die verleugneten Teile, die er uns noch gespiegelt hat, angeeignet haben. Wir kennen den, den wir lieben. Und wir lieben den, den wir in seiner Ganzheit sehen. Ayn Rand hat in ihrem Werk über The Virtue of Selfishness deshalb auch geschrieben: *„To love is to value. Only a rationally selfish man, a man of self-esteem, is capable of love – because he is the only man capable of holding firm, consistent, uncompromising, unbetrayed values. The man who does not value himself, cannot value anything or anyone."*

Bevor wir also unseren Gegenüber kennen, verstehen, schätzen und lieben können, ist es essentiell, dass wir es mit uns tun können. Ein guter Freund und Mentor aus England hat einmal bei einem Gespräch in einem Hotel in Johannesburg zu mir gesagt: *„Denk immer daran, dass der Meister seine Schüler nur dorthin geleiten kann, wo er selbst schon gewesen ist."* Die Aussage war auf die Ebene der Erkenntnis bezogen. Gemeint ist damit, dass wir nichts geben können, ohne etwas zu haben; dass wir keine Erfahrung teilen können, die wir nicht gemacht haben; dass wir uns selbst erkannt haben müssen, um den anderen erkennen zu können.

Je besser wir uns selbst verstehen können und je tiefer wir in das innerste unseres Selbst gedrungen sind, umso besser verstehen wir andere und umso tiefer ist unsere Kenntnis des anderen.

Selbstkenntnis und Anderen-Kenntnis, genau wie das Verstehen des Selbst und das Verstehen des anderen, beruhen auf denselben Prämissen.

Kapitel-Highlights

- Wir können uns auf verschiedenen Ebenen selbst kennen – als Körper, als geistiges Wesen und als täglich handelnde Person.
- Unsere Werte, Prioritäten und Überzeugungen geben Aufschluss darüber, womit wir uns vorrangig identifizieren und was wir tun, wie wir leben und wie wir handeln und entscheiden.
- In die Tiefe unseres Selbst dringen wir dann ein, wenn wir unseren Kreis komplementiert und uns alle Teile zu eigen gemacht haben.
- Selbstkenntnis ist eine Reise, die wir als Telos des Lebens betrachten können.
- Die Kunst des Loslassens ist oft auch die Kunst des Voranschreitens.
- Wer andere verstehen, kennen und lieben will, der muss zuerst sich selbst verstehen, kennen und lieben können.

Kapitel 8: Innere Klarheit

„Die größte Tragödie ist nicht der Tod, sondern ein Leben ohne Vision."
Myles Munroe

Die Kernbotschaft dieses Kapitels bringt Emerson in seinem bereits zitierten Essay über Selbstvertrauen auf den Punkt. Dort heißt es:

„Was ich tun muß, ist alles, was mich angeht, und nicht das, was die Leute denken. Diese Regel, die im tatsächlichen Leben wie im intellektuellen Leben gleich schwer zu befolgen ist, kann für die Unterscheidung zwischen Größe und Niedrigkeit dienen. Es wird dadurch umso schwerer, weil man immer Leute finden wird, die glauben, besser zu wissen, was deine Aufgabe ist, als du selbst. Leicht ist es, auf der Welt nach der Meinung der Welt zu leben; leicht läßt sich in der Abgeschiedenheit der eigenen gemäß leben; groß aber ist der, welcher inmitten der Menge mit vollkommener Klarheit die Unabhängigkeit der Abgeschiedenheit bewahrt."

Das Prinzip der inneren Klarheit webt die bisherigen Ausführungen sehr präzise zusammen und bildet die Grundlage für unser abschließendes Kapitel. Innere Klarheit wirkt sich auf alle Ebenen unserer Außenwelt aus. Klares Schreiben stellt beispielsweise einen Spiegel für klares Denken dar. Klare und unmissverständliche Kommunikation ist ein direktes Resultat für die Klarheit der eigenen Ziele, Lebensvorstellungen, Werte und Überzeugungen. Wer sich klar auszudrücken weiß, der weiß in den meisten Fällen auch sehr genau über seine Lebensvision Bescheid und kennt die Richtung, in die er gehen will und wird. Auf höheren Ebenen trifft genau dasselbe zu. Ein erfolgreiches Unternehmen besticht und setzt sich durch die Klarheit ab, die von den obersten Führungskräften gelebt und in das Unternehmen eingehaucht wird. Diese Klarheit finden wir dann in der internen und externen Kommunikation, den Produkten, den Mitarbeitern und in den bestehenden Strukturen und Abläufen wider. Es ist die Klarheit der Vision, die die Erfüllung einer Mission, eines gemeinsamen Vorhabens und eines Ziels möglich macht. Die Abwesenheit von Klarheit führt zur Anwesenheit von Chaos, Missverständnissen und Misserfolg. Auch auf politischer Ebene sorgt Klarheit bei den führenden Politikern für Ruhe und mehr Geschlossenheit in der Bevölkerung, sofern sich das Volk mit den klaren Ansichten und der Politik identifizieren kann. Unabhängig von der Ebene, auf der Klarheit kommuniziert werden soll – Individuum, Team, Organisation, Bevölkerung – gilt, dass die nach außen gerichtete Klarheit stets von der inneren Klarheit herrührt. Ohne innere Klarheit kann es keine echte äußere Klarheit geben.

Bevor ich ausführlicher darauf eingehe, was genau unter (innerer) Klarheit verstanden werden kann und wie sie sich auswirkt, will ich noch zwischen drei Ebenen der Klarheit unterscheiden:

1. Klarheit im Selbst
2. Klarheit im Denken
3. Klarheit im Tun & Leben

Die Klarheit im Selbst stellt die Grundlage für die Klarheit im Denken sowie im Tun & im Leben dar. Klarheit im Selbst entsteht durch unsere beiden großen Begriffe: Selbstbewusstsein und Authentizität. Wenn wir genau wissen, wie unsere Werte und Prioritäten aussehen, wodurch diese entstanden sind, was uns wirklich etwas bedeutet, wichtig ist und wieso das der Fall ist und wenn wir uns selbst lieben können *no matter what*, dann haben wir Klarheit im Selbst. Und diese Klarheit überträgt sich eins zu eins auf unser Denken. Wir kennen sicherlich alle das Gefühl, wenn unser Denken sich wie dichter Nebel anfühlt, wie ein Schleier, der sich nicht heben lassen will. Und wir kennen das beflügelnde Gefühl, einfach klar im Kopf zu sein. Das wunderschöne Gefühl des Vertrauens, dass sich unser Leben so entfalten wird, wie es am besten für uns ist und wir es uns vorstellen. Die Zuversicht, die keineswegs naiv ist, dass wir unser eigener Lebensgestalter sind, wir die Schachzüge in der Hand halten, statt von anderen oder höheren Mächten gezogen zu werden.

Der Nebel im Denken kann verschiedene Ursachen haben. Planlosigkeit sowie übernommene Werte und Prioritäten sind die gängigsten Fälle. Nebel kann jedoch auch dadurch entstehen, dass wir einen neuen Kreis gezogen haben, uns auf einer neuen und höheren Sphäre widerfinden, die uns anfangs herausfordert und leicht fremd erscheint. Im ersten Fall haben wir es mit bösartigem im zweiten Fall mit gutartigem Nebel zu tun. Im zweiten Fall hebt sich der Nebelschleier nach *kurzem* Zurechtfinden wieder und wir gewinnen unsere gewohnte Klarheit zurück. Im ersten Fall ist die Problematik und der Nebel gravierender. Er kann zu Gefühlen von Sinn-, Lust- und Mutlosigkeit, zu Minderwertigkeitskomplexen, und im *Worst-Case-Szenario*, wenn wir dem Gefühl unterliegen, dass sich der Nebel nicht mehr auflösen wird, zur endgültigen Verneinung des eigenen Lebens führen. Sich in derart dichtem Nebel zu befinden, dass man keinen Ausweg zu sehen glaubt, ist keine angenehme Erfahrung. Doch sie ist auch Teil unseres Lebens, ermöglicht uns die Festigung des Charakters und schenkt uns mehr Tiefe in unserem Wesen. Und es ist ja bekanntlich nicht die Länge des Lebens, die zählt, sondern eben die Tiefe. Um mit Tiefgang leben zu können, können wir nicht nur Höhenflüge erleben. Das Licht, das auf den Nebel folgt, ist oft heller und klarer, als wir es vorher erfahren durften. Es ist nicht der Nebel im Kopf, der uns in die Knie zwingt, sondern wie wir diesen Nebel einordnen. Höhere Grade von Klarheit im Denken erfordern die Bewältigung von und den gekonnten Umgang mit dem Nebel.

Sowie Klarheit im Denken, die Klarheit im Selbst voraussetzt, so ist die Klarheit im Denken auch die Voraussetzung für die Klarheit im Tun und im Leben. Es handelt sich hier um drei Bausteine, die aufeinander aufbauen und deswegen unbedingt den vorhergehenden Baustein nötig haben. Nebulöses Denken kann nicht zu klaren

Handlungen und zu Klarheit in der eigenen Lebensweise führen. Je klarer wir also in unserem Denken sind, umso klarer ist auch unser Tun. In schwierigen Phasen, in denen wir mit viel Nebel zu kämpfen haben, tun wir uns deshalb auch oft mit unserem Handeln schwerer. Und wenn wir klar in unserem Selbst und unserem Denken sind, dann durchströmt uns eine Kraft und ein Gefühl, das uns glauben lässt, die Dinge würden uns leicht von der Hand gehen. Wenn wir eine große Persönlichkeit für dessen Handeln bewundern, dann steckt dahinter ein Mensch, der die Kunst des klaren Denkens beherrscht, mit Nebel umzugehen weiß und sich in Klarheit mit dem eigenen Selbst befindet.

<u>Was heißt Klarheit und welche Auswirkungen hat sie?</u>

Innere Klarheit hat eine Sache mit gelebten Träumen, Enthusiasmus und Glück gemeinsam. Sie überträgt sich auf andere und hat eine enorme Strahlkraft. Die Begegnung mit einem Menschen, der Klarheit ausstrahlt und bei dem eine Kongruenz aus seinem Selbst, seinem Denken und seinem Tun besteht, führt auch zu mehr Klarheit bei uns. Wir spüren es, wenn jemand wirklich klare Gedanken fassen kann, geradlinig und integer in seinem Handeln ist, dem eigene Werte und Prioritäten bekannt sind und diese sich in dessen Leben widerspiegeln. Wir fühlen uns durch einen solchen Menschen inspiriert, weil er seinen Weg gefunden und diesen mit Überzeugung zu gehen gelernt hat. Er hat seinen Lehrern einen Gefallen getan und ist nicht Schüler geblieben, würde Nietzsche sagen. Und auch wir tun uns keinen Gefallen, wenn wir diesen Menschen nachahmen wollen.

Wenn wir einen Menschen treffen, der nur so vor Enthusiasmus strotzt, dann wirkt sich dieser Enthusiasmus auch auf uns aus. Doch es wirkt in beide Richtungen. Wenn wir Klarheit für andere schaffen können, gibt uns das noch mehr Klarheit. Wenn sich unser Enthusiasmus auf andere überträgt, dann werden wir dadurch noch enthusiastischer. Und laut Emerson ist *„Glück ein Parfüm, das* *du nicht auf andere sprühen kannst, ohne selbst ein paar Tropfen abzubekommen."*

Wenn wir derjenige sein wollen, der Strukturen und Ordnungen implementiert, dann müssen wir auch Strukturen und Ordnungen verstehen und sehen können. Wenn wir Klarheit schaffen und in anderen erwecken wollen, bedarf es Klarheit in uns selbst. Oder wie Lukrez schon erkannt hat: *„Denn wir sehen, dass Nichts von Nichts entstehen kann."*

Klarheit kann auch eine Kehrseite haben. In sozialen zwischenmenschlichen Beziehungen gilt zum Beispiel oft die Maxime, dass derjenige, der die meiste Klarheit hat, auch am meisten zu sagen hat. Das liegt u.a. daran, dass wir uns einer Person, die ein sehr hohes Maß an Klarheit ausstrahlt, oft unterordnen und fügen und dass wir uns nicht wagen, gegen jemanden zu sprechen, der eine derartige Klarheit besitzt, wenn wir selbst eher unsicher sind. Einer Person, die viel Klarheit mit sich bringt, zollen wir gewöhnlich eine Menge Respekt. Klarheit hat in diesem Zusammenhang auch viel mit Sicherheit zu tun. Wer Klarheit zu haben scheint, wirkt auf andere beruhigend und wie ein sicherer Fels, weil er eben nach einer klaren Richtung und Ansätzen handelt. Ein Mensch, dem Klarheit fehlt, klammert sich immer an einen Menschen, der eine Aura von Klarheit besitzt. Keine Religion, kein Unternehmen, kein Verein und kein Volk wurde je erfolgreich aufgebaut, ohne, dass es eine oder mehrere Personen gab, die vor Klarheit strotzten und eine Richtung vorgaben. Klarheit ist oft wie Wasser in der Wüste. Sie macht einen unglaublich gefragt und bringt viele Dürstende mit sich, die alles für das Wasser bzw. das Vorhaben der *klaren Person* tun würden. Dass dies auch bitterböse ausgenutzt werden kann, haben uns zahlreiche politische Beispiele des vergangenen Jahrhunderts gelehrt. Doch nicht nur in der Politik gibt es jede Menge Beispiele dafür, wie durch Klarheit gezielt manipuliert werden kann. Im Gesundheitsbereich, im Finanzbereich, beim Sport und in allen Bereichen, in denen es sich lohnt, durch das bewusste Blenden mit Hilfe der eigenen (stellenweise exzellent gespielten)

Klarheit einen Profit oder anderen Vorteil für sich zu erzielen, finden wir jede Menge Beispiele davon. Klarheit zu haben, bringt automatisch auch Verantwortung mit sich. Der Buddha, der sich dieser Verantwortung bewusst war, hat einmal gesagt, dass er seinen Schülern die Illusion lehrt, bis diese bereit für die Wahrheit sind. Er wusste, dass die Klarheit seiner Ansätze falsch aufgegriffen und zur Manipulation dienen könnte, wenn sie in die *falschen* Hände gerät und war deshalb äußerst sorgfältig in der Selektion, was er mit wem teilte. In der englischen Übersetzung heißt es bei Laotse deshalb auch: *"Those who know do not speak. Those who speak do not know."*[12] Wer sich durch vorgegebene Klarheit eigene Vorteile verschaffen will und die damit verbundene Verantwortung mit den Füßen tritt, liegt weit entfernt von dem, was hier unter innerer Klarheit zu verstehen ist.

Da stellt sich nun die Frage: „Was ist also Klarheit und was ist Klarheit nicht?" Beginnen wir mit dem Negativ. Es mag trivial und offensichtlich klingen, aber Klarheit ist nicht Ignoranz und auch nicht Verschlossenheit Neuem gegenüber. David Foster Wallace spricht in seiner genialen Commencement-Rede am Kenyon College in 2005 genau hierüber. Er sagt u.a., dass *blinde Sicherheit (blind certainty)*, die oft vom Subjekt als höchster Grad an Klarheit empfunden wird, das Subjekt geistig gefangen hält.

Genauso wenig ist Klarheit mit der Beherrschung einer Fertigkeit, einem Geschick oder einem besonders stark ausgeprägten Talent gleichzusetzen. Innere Klarheit wird nie destruktiv ausgenutzt, sondern viel mehr für die Entwicklung zum eigenen Selbst hin und zur Beflügelung anderer angewandt.

Eine Überzeugung zu haben und in dieser so festgefahren zu sein, dass wir sie immer und überall durchsetzen wollen, weil nur sie und nichts anderes richtig sein kann, mag zwar für ganz kurze

---

12 Die deutsche Übersetzung finde ich etwas schwächer. Sie lautet oft: „Der Wissende redet nicht. Wer redet, der weiß nicht."

Zeit klar wirken, weil ein fester Standpunkt vertreten wird, von dem nicht abgewichen wird, doch mit Klarheit hat das ebenfalls nichts am Hut. Viel mehr schadet es der möglichen Entwicklung von innerer Klarheit. Auch hier gibt es einen leicht paradoxen Gedanken, den ich gerne den *Haken der Klarheit* nenne. Einerseits bedarf es klarer Ansichten und Standpunkte, die klar kommuniziert werden können und sich in klaren Handlungen widerspiegeln, die auch dann getätigt werden, wenn niemand zusieht, um von Klarheit sprechen zu können. Andererseits kann uns das verbitterte Streben nach Klarheit und das unbedingte Klarheit-Ausstrahlen-Wollen, genau davon abhalten.

Genauso wie der Mensch, der verzweifelt um Respekt und Anerkennung ringt, diese nicht erhalten wird, bis er sein Buhlen darum einstellt und es sich durch sein Sein und Tun verdient, gelangt der Mensch nicht zur Klarheit, der sein Streben ausschließlich darauf ausrichtet. Innere Klarheit erlangen wir dadurch, dass wir ein Leben in Einklang mit uns, anderen und der Welt führen (siehe Kapitel 9).

Innere Klarheit ist das Resultat der Verbundenheit mit der inneren Stimme, womit ich nicht den störenden Gedankenlärm meine, oder die Stimme des ersten Selbst, die uns in Versuchung führen will, kurzsichtig ist und oft mit uns in Diskussionen einsteigen möchte. Die innere Stimme, von der ich hier spreche, ist die Stimme der Intuition, die mit unserem Geist verbunden ist und dann am klarsten wahrgenommen werden kann, wenn wir ganz bei uns sind; wenn wir in unserem Denken Ausgeglichenheit geschaffen haben und nicht der positiven oder negativen Ladung von Emotionen unterliegen. Wer innere Klarheit hat, der ist empfänglich für diese Stimme und lässt sich von ihr leiten. Das größte Anliegen dieser Stimme ist es, dass wir unserem Weg und uns selbst treu bleiben. Sie weiß, was uns zu unserem authentischen Selbst zurückgeleitet.

Klarheit, Weitblick & die Bedeutung unseres Tuns

Klarheit hängt immer auch eng mit einer Vision zusammen. Wenn unser Lebensziel, unsere Vision davon, was wir mit diesem einen kostbaren Leben machen wollen, verschleiert ist, kann es keine Klarheit geben. Wenn wir jedoch klar erkannt haben, was uns in unserem Leben am allerwichtigsten ist, was wir kompromisslos verfolgen wollen, und uns nicht durch Vergleiche, Selbstzweifel, Unterordnung, oder andere Faktoren aus der Bahn bringen lassen, dann kann unsere Klarheit immer weiter aufblühen und unsere Vision nimmt dadurch zunehmend Form an. Ein guter Anhaltspunkt über die Klarheit im Zusammenhang mit unserer Vision besteht darin, wie lange wir uns das Bild der Vision mit geschlossenen Augen im Geist halten können. Wir merken dadurch, wie sehr es sich bereits in unseren Geist eingebrannt hat. Wenn es uns möglich ist, das Bild unserer Vision für mehrere Sekunden klar im Geist halten zu können, ohne dass ein anderes Bild dazwischen funkt oder wir an etwas anderes denken, dann haben wir schon einen hohen Grad an Klarheit erlangt. Was wir uns klar vorstellen und lange visualisieren können, ist für uns auch greifbar. Oder wie Napoleon Hill sagen würde: *„Whatever the mind can [clearly] conceive and believe, it can achieve."*

In unserer modernen und schnelllebigen Kultur hat hinsichtlich des Weitblicks einer Vision für den absoluten Großteil der Bevölkerung eine radikale Veränderung stattgefunden. Während es vor rund drei Generationen noch Normalität war, einen Beruf fürs Leben zu haben, eine Tätigkeit zu erlernen und dieser dann den Rest des Lebens nachzugehen, ist das heute zur Seltenheit geworden. Flexibilität und schnelle Anpassungsfähigkeit werden zunehmend groß geschrieben. Die Gründe dafür sind vielfältig. Einerseits tun sich durch viele Start-Ups, Tech- und Online-Unternehmen ganz neue Möglichkeiten auf, andererseits werden höhere Erwartungen an Arbeitgeber gestellt und die Verträge von Mitarbeitern sind durch ihre Befristung oft zu verlängerten Probezeiten geworden. Diverse

Artikel und Bücher, wie unter anderem das empfehlenswerte Werk *Working Identity* von Herminia Ibarra sprechen diesen Wandel sehr klar an und diskutieren, wie wir uns selbst und unsere Karriere immer wieder anpassen, wechseln, und neu erfinden können, um zufriedener und erfüllter durchs Berufsleben zu gehen.

Ich will hier keineswegs (häufige) Berufswechsel und Veränderungen in der beruflichen Laufbahn, die oft dringend nötig sind, schlecht reden. Schließlich verändern sich unsere Werte, Prioritäten und Überzeugungen, genauso wie unsere Vorstellung davon, welche Tätigkeit uns mit Sinn erfüllt, während des Lebens. In jungen Jahren mag unser Streben womöglich mehr auf Materielles, Status und Anerkennung aus sein, und sich später auf möglichst hohen Wert für möglichst viele Menschen schaffen, Nachhaltigkeit und das Gefühl etwas wirklich Sinnvolles für die Welt zu tun, ausrichten. Mit einem Wandel unserer Werte und Prioritäten entsteht automatisch auch ein Wandel unseres Tuns. Ein Prioritätenwandel wird zumeist durch ein einschneidendes Erlebnis oder eine tiefgreifende Erkenntnis hervorgerufen. Wir können uns dann mit dem was wir tun, nicht länger identifizieren und brauchen eine neue Aufgabe bzw. eine neue Herausforderung. Hier besteht nun ein Unterschied zwischen denjenigen, die von Tätigkeit zu Tätigkeit springen, um Arbeit zu haben und denen, die sich nach einiger Reflexion gezielt etwas Neues suchen – so wird es von Herminia Ibarra dargestellt – und einen Lebenswandel vollziehen möchten. Erstere gehen im absoluten Großteil der Fälle ohne Klarheit und Weitblick durchs Leben. Sie werden von keinem Bild gezogen, das sie beflügelt und sind zumeist nicht Feuer und Flamme für ihre Arbeit. Es ist nicht so, als hätten sie kein Potential dafür, eine klare Vision zu entwickeln, zu verfolgen und umzusetzen. Sie schlummert nur oft ziemlich fest.

Eine Vision, eine Aufgabe, ein Warum trägt nämlich jeder Mensch in sich, doch nicht jeder lebt entsprechend – was mehrere Auslöser haben kann. Unterordnung und Vergleiche, sowie Angst haben wir bereits als Hauptgründe dafür ausmachen können.

Die Individuen der zweiten Gruppe besitzen oftmals einfach mehr innere Klarheit, sind in sich gefestigter und verfolgen einen klareren Plan. Sicherlich sind diese Differenzierungen sehr vage gehalten und könnten noch deutlich ausführlicher dargelegt werden. Auch will ich darauf hinweisen, dass damit kein Werturteil verbunden ist. Die eine Gruppe ist nicht schlechter oder besser als die andere. Genauso wenig ist ein runderer Kreis mit größerem Radius besser oder schlechter als ein kleinerer.

Der springende Punkt besteht darin, darauf hinzuweisen, dass es heutzutage, wie in jedem Zeitalter, einen kleinen Prozentsatz von Visionären gibt, die ihr Leben einem großen Warum, einem übergeordneten Ziel, einem klaren Bild, einer Aufgabe, zu der sie sich berufen fühlen, widmen und es nicht aus den Augen verlieren. Sie sind es, auf die die Aussage von George Bernard Shaw zutrifft: *„Der vernünftige Mensch paßt sich der Welt an. Der unvernünftige Mensch besteht darauf, daß sich die Welt nach ihm zu richten hat. Deshalb hängt jeder Fortschritt von dem unvernünftigen Menschen ab."* Sie bestechen durch ihre einzigartige Klarheit, ihre Überzeugung für das, was sie tun, ihren Glauben an sich und ihre Vision, und ihre kompromisslose Hartnäckigkeit beim Verfolgen ihres Ziels. Sie haben eine genaue Vorstellung davon, wie sie die Welt gestalten möchten, wie sie sie bereichern wollen und welchen Beitrag sie leisten werden. Und dann lassen sie sich durch nichts davon abbringen, genau das zu tun. Ihr Bild ist so klar, dass sie es schon in der Realität sehen können, bevor es umgesetzt ist.

Ein Paradebeispiel hierfür ist Walt Disney. Die *Walt Disney World* war eine der großen Visionen vom Micky Mouse Erfinder. Die Eröffnung 1971, die durch seinen älteren Bruder Roy Disney möglich gemacht wurde, erlebte er nicht mehr mit. Als Roy bei der Eröffnung gefragt wurde, ob er es sehr bedauern würde, dass sein jüngerer Bruder den ihm gewidmeten Park nicht mit eigenen Augen sehen könne, meinte dieser nur, dass Walt ihn bereits in seinem Geist gesehen hat, bevor der Park stand. Er sagte, dass wenn Walt den Park nicht schon klarer gesehen hätte als alle anderen, die ihn jetzt zu sehen kriegen, dann wäre heute niemand hier, weil es keine Eröffnung zu zelebrieren gäbe.

KAPITEL 8

Die Kunst eine Vision über fast ein gesamtes Leben vor Augen zu halten und an ihr bzw. für sie zu arbeiten, ist ein Merkmal einer großen Seele und von innerer Klarheit. Weitblick, gekoppelt mit einem starken und klaren Warum weisen auf dieses Merkmal hin. Wer ständig neue Wege sucht, nichts konsequent durchzieht und zu Ende bringt und sich nie am rechten Platz fühlt, hat sich im Laufe seiner Jahre von Nebel umhüllen lassen, was jedoch nicht heißen muss, dass sich dieser nicht durch eine Initialzündung, einen Geistesblitz oder eine bewusst gefällte Entscheidung auflösen lässt. Es ist nie zu spät, damit anzufangen, sich die Erlaubnis zu geben, ein Leben gemäß den eigenen Träumen und der eigenen Vision zu leben. Genau das zu tun, steigert das eigene Selbstbewusstsein und bringt uns unserem authentischen Selbst näher.

Auch unser Tun und tägliches Handeln wirkt sich auf unsere Klarheit aus. Wir erlangen zwar keine innere Klarheit dadurch, dass wir uns ständig auf Achse halten und beschäftigt sein wollen, aber wir können durch gezieltes und wiederholtes Handeln, unseren Grad an Klarheit deutlich steigern. Darauf zu warten, dass wir den ultimativen Grad an innerer Klarheit – sofern es diesen überhaupt gibt – erlangt haben, bevor wir aktiv werden können, uns inspiriert fühlen und im Stande sind, unsere *beste Arbeit* zu liefern, ist ein oft begangener Fauxpas. Ursache und Wirkung werden hierbei vertauscht. Oft ist es nämlich so, dass wir unsere beste Arbeit liefern und aktiv werden, wenn wir uns inspiriert fühlen und dadurch einen höheren Grad an innerer Klarheit gewinnen.

Innere Klarheit ist das Resultat der Treue zum Selbst. Wenn wir bedingungslos und unbeirrt unseren Weg gehen, unsere Prioritäten und Werte leben, empfänglich für die Weisheit unserer inneren Stimme sind und uns von ihr leiten lassen, dann sieht unser inneres Auge klarer und nimmt mehr wahr, als es unsere (visuellen) Sinne im Stande sind. Wir sind dann von innen geleitet, anstatt von außen her gesteuert zu sein. Wir leben, statt gelebt zu werden.

Kapitel-Highlights

- *„Groß aber ist der, welcher inmitten der Menge mit vollkommener Klarheit die Unabhängigkeit der Abgeschiedenheit bewahrt."* Emerson
- Wir unterscheiden zwischen drei Ebenen von Klarheit: im Selbst, im Denken und im Tun/Handeln. Die eine Ebene setzt dabei die andere Ebene voraus.
- Innere Klarheit entsteht dadurch, dass wir ein Leben in Einklang mit uns selbst, unserer Umwelt und unserer inneren Stimme führen.
- Weitblick – die Fähigkeit eine Vision über einen längeren Zeitraum klar vor Augen halten zu können – und bedeutungsvolles Handeln steigern den Grad unserer inneren Klarheit.

Kapitel 9: Ein Leben in Einklang führen

"Brüder, fürchtet euch nicht vor der Sünde der Menschen, liebt den Menschen auch in seiner Sünde, denn nur eine solche Liebe wäre ein Abbild der Liebe Gottes und die höchste irdische Liebe. Liebet die ganze Schöpfung Gottes, das ganze Weltall wie jedes Sandkörnchen auf Erden. Jedes Blättchen, jeden Lichtstrahl Gottes liebt. Liebet die Tiere, liebt die Gewächse, liebt jegliches Ding. Erst wenn du jedes Ding lieben wirst, wird sich dir das Geheimnis Gottes in den Dingen offenbaren. Hat es sich dir aber einmal offenbart, dann wirst du es bereits unablässig immer weiter und immer mehr und Tag für Tag erkennen. Und zu guter Letzt wirst du die ganze Welt schon mit ungeteilter, allumfassender Liebe lieben."
Fjodor Dostojewski in Die Brüder Karamassov

Bei einem Gespräch mit einem guten Freund, fragte mich dieser einmal, welcher Philosoph ich wohl gewesen wäre, wenn ich schon mal gelebt hätte. Ohne zu zögern, erwiderte ich ihm, dass ich auf jeden Fall ein Stoiker gewesen wäre. Er musste grinsen und sagte nur, dass er sich das schon gedacht hätte. Der Grund für meine Antwort war ihm auch klar. Die Stoiker vertreten den Ansatz, dass ein Leben dann gut ist, wenn es in Einklang/Übereinstimmung mit der Natur gelebt wird; wenn das, was wir erstreben, mit dem übereinstimmt, was wir auch erreichen können bzw. das Erreichen davon ausschließlich von uns selbst abhängig ist; wenn wir unseren Fokus auf das richten, was in unserer Macht liegt, anstatt zu versuchen, die Dinge zu beeinflussen, die wir nicht beeinflussen können. Das Einzige was für die Stoiker wirklich in unserer Macht steht, ist unsere Einstellung zu den Dingen. Wer sich durch die Dinge, die wir nicht beeinflussen können, zu Affekten hinreißen lässt, entfernt sich dadurch automatisch von einem Leben, das in Einklang geführt wird. Wenn wir uns Affekten hingeben, dann machen wir uns von

Faktoren abhängig, die nicht in unserer Macht liegen. Der Grund wieso ich ein Stoiker gewesen wäre, besteht darin, dass es mir im Leben ein großes Anliegen ist, mich auf die Dinge zu fokussieren, die in meinem Einflussbereich liegen, und mich nicht durch die Dinge beirren, aus meiner inneren Mitte und meinem Gleichgewicht bringen lasse, die außerhalb meiner Wirkmächtigkeit liegen. Der stoische Ansatz, der in unserem alltäglichen Sprachgebrauch hin und wieder negativ konnotiert ist und stellenweise sogar mit innerer Gleichgültigkeit gleichgesetzt wird, hat mir dabei stets als eine verlässliche Säule gedient.

Als Abrundung dieses dritten Teils *Du mit Dir und der Welt* will ich nun die verschiedenen Ansätze, Gedanken, Thesen und Begriffe zusammenführen, um ein kohärentes Bild von einem Leben, das in Einklang mit dir und deiner Welt geführt wird, zu schaffen. Ein Leben in Einklang ist immer auch ein Leben gemäß des Selbst. Es ist ein reflektiertes Leben, das von Selbstkenntnis, klaren Werten, Prioritäten und Prinzipien, für die wir stehen wollen und die wir leben, geprägt ist. Ein Leben in Einklang zu führen, bedeutet, dass wir unsere Stärken identifizieren und entfalten, und dass wir gemäß unserer Fähigkeiten leben und diesen dadurch zur vollen Entwicklung verhelfen.
Unsere zentralen Begriffe Selbstbewusstsein und Authentizität spielen hier ebenfalls eine ganz wesentliche Rolle. Der Weg zum authentischen Selbst ist gleichermaßen auch der Weg zum Leben in Einklang. Wer authentisch ist, lebt notwendig auch in Einklang mit sich selbst. Und das bringt zwei fundamentale Faktoren für das Leben in Einklang mit anderen Menschen mit sich: Vertrauen und Integrität. Ob in Gesellschaften, in Organisationen, in Familien, in Freundschaften oder in anderen zwischenmenschlichen Beziehungen, ohne Vertrauen und Integrität gibt es keine *gute Erde* und somit kann auch nichts Fruchtbares gedeihen. Um zu vermeiden, dass hier neue große Fässer geöffnet werden, will ich die beiden Begriffe Vertrauen und Integrität, die zumeist ziemlich abstrakt, metaphysisch und stellenweise unklar in der Literatur und den Wissen-

schaften behandelt wurden, kurz und knapp auf den Punkt bringen und hervorheben, was die Quintessenz der meisten Ausführungen darüber ist. Eine integre Person ist diejenige, die auch wirklich meint, was sie sagt – also auf deren Wort man sich verlassen kann, weil es von Bedeutung und Gewicht ist, und das Gesagte schließlich auch lebt. Also in etwa das, was Hesses Siddhartha implizierte, als er sagte: *„Nicht im Reden, nicht im Denken sehe ich seine Größe, nur im Tun, im Leben."*

Und Integrität schafft unvermeidlich Vertrauen. Vertrauen und Offenheit sind die Grundlage für ein Leben in Einklang mit anderen. Sobald sich Misstrauen in zwischenmenschlichen Beziehungen und Organismen auftut, ist es wie Krebs: im Keim kann es in manchen Fällen noch erstickt werden, aber danach frisst das Misstrauen die Beziehung gnadenlos und irreversibel auf.

In Einklang mit der Natur leben wir dann, wenn wir keine unrealistischen Erwartungen an sie stellen; wenn wir uns von Naturgesetzen leiten lassen, anstatt dagegen zu kämpfen versuchen; wenn wir den Fluss der Dinge in Harmonie annehmen. Auch hierzu findet sich in der stoischen Literatur ein sehr schöner Gedanke. Dort heißt es, dass, wenn wir als Individuen in Einklang mit der Natur leben, unsere Rollen und Aufgaben zum besten unserer Fähigkeiten bewältigen und anderen nicht dabei in die Quere kommen, dasselbe zu tun, dann handeln wir entsprechend des kosmischen Plans (der Natur) und leisten unseren Beitrag dazu, dass wir auf der bestmöglichen Erde leben, die es geben kann. Dadurch leben wir auch in ehrlicher Wertschätzung unserer Mitmenschen gegenüber, weil wir eben wissen, dass jeder darum bemüht ist, seine Rolle zum besten seiner Fähigkeiten zu erfüllen.

Loslassen können – die Jagd nach dem Tageslicht

Es gibt ein schönes Zitat von Einstein, das besagt, ich muss bereit sein, das aufzugeben, was ich bin, um zu dem zu werden, was ich sein kann. Ich hatte bereits im 7. Kapitel darüber gesprochen, dass eine Sache, an der wir zu stark hängen, die wir nicht loszulassen bereit sind, uns zurückhält und uns das Leben unnötig schwer macht. Wir leben nicht in Einklang, wenn wir uns an Sachen klammern. Durch das Festhalten an Dingen, Personen oder Vergangenem, halten wir uns selbst fest. Das bedeutet nicht, dass uns alles egal wäre und wir allem indifferent gegenüberstehen. Es bedeutet, dass wir in Einklang mit dem Lauf der Dinge leben, nicht versuchen, gegen die Natur zu handeln und erkannt haben, dass die einzige Beständigkeit im Wandel und der Transformation liegt. Das Loslassen ermöglicht uns als Mensch, frei zu sein. Das Klammern hält uns in Ketten. Doch loszulassen, kann zu den schwersten und schmerzhaftesten Erfahrungen und Lektionen des Leben gehören. Krishnamurti hat hierzu einige spannende Gedanken gefasst, die nicht unbedingt leicht verdaulich sind. Er meinte beispielsweise: *„Sie können nicht leben, ohne zu sterben. Sie können nicht leben, wenn Sie nicht in jeder Minute innerlich sterben. Das ist kein intellektuelles Paradoxon. Um vollkommen, in ganzer Fülle zu leben, jeden Tag in seiner neuen Schönheit zu erleben, müssen wir uns von allem Gestrigen lösen, sonst leben wir gewohnheitsmäßig, und ein Mensch, der zum Automaten geworden ist, kann niemals wissen, was Liebe ist oder was Freiheit ist. [...] Freiheit von dem Bekannten ist Tod, und dann leben Sie wirklich."*

Ein bewegendes Beispiel von einem Menschen, der von heute auf morgen lernen musste, was es heißt, sich schlagartig von allem Gestrigen zu lösen, stellt Eugene O'Kelly dar. Der ehemalige CEO von KPMG fühlte sich mit 53-Jahren mehr oder weniger kurz vor seinem Zenit angekommen. Er hatte fast drei Jahrzehnte für das Unternehmen gearbeitet, das ihm enorm am Herzen lag und führte es nun mit Leidenschaft und voller Hingabe. Obwohl er sein Leben für seine Arbeit gab, fast 24/7 mit ihr beschäftigt war und seine Familie ihn entsprechend wenig zu sehen kriegte, war es ihm ein großes Anliegen als CEO, dass seine Mitarbeiter trotz der anspruchsvollen Arbeit, eine hohe Lebensqualität hatten und die Familie dabei nicht zu kurz kam. Er war beliebt und wurde von Kollegen, Wettbewerbern und anderen CEOs von großen Unternehmen sehr geschätzt. Seine Frau, die er als seine Seelenpartnerin bezeichnete, und seine Tochter waren sein Hafen und gaben ihm Halt und Kraft. Er liebte Golf, Reisen, Wein, war so gut wie nie krank und strotzte vor Lebensenergie.

Bei einer Vorsorgeuntersuchung stellte sich sein Leben urplötzlich auf den Kopf. Kurz vor dem langersehnten Familienurlaub auf Hawaii – er hatte schon lange keinen längeren Familienurlaub mehr gemacht – wurde er mit einem Hirntumor im Endstadium diagnostiziert. Das Gewebe war bereits tot, was eine Operation zwecklos machte. Von Vorwarnungen, Symptomen oder Hinweisen war kaum eine Spur. Es war Ende Mai 2005. In seinem packenden Buch *Chasing Daylight*, das ich jedem nur zu lesen empfehle, schreibt er, *„ich habe meinen letzten New Yorker Herbst bereits erlebt."* Sein Schicksal wurde ihm in dem Moment bewusst, in dem er die Empathie im Gesicht seines Arztes erblickte. 6 weitere Monate wären ein Wunder, 3 Monate wohl machbar. Die Botschaft war klar: Schauen Sie, dass Sie Ihre Angelegenheiten in Ordnung bringen.

Mit dem Werk *Chasing Daylight* begann O'Kelly nach der Diagnose. Auf dem Klappentext finden wir die bemerkenswerten Worte: *„I was blessed. I was told I had three months to live."* Das ist kein Sarkasmus eines sich selbst bemitleidenden Menschen, sondern eine Perspektive, von der wir einiges lernen können. Nach dem verhängnisvollen Tag im Krankenhaus Ende Mai, stellte er sich nicht die Frage: „Wieso ausgerechnet ich?", sondern: „Wieso kann nicht der letzte Teil meines Lebens, der Schönste sein?" Und er begann augenblicklich damit, sein Leben so auszurichten, dass sich diese Frage bejahen lässt. Klar war er zu Beginn geschockt, weinte nachts und hatte mit seinem Schicksal zu kämpfen, aber wie er seine letzten 100 Tage verbrachte, ist in vielerlei Hinsicht lehrreich, inspirierend und augenöffnend.

Noch in derselben Woche tritt er als CEO zurück, um seine letzten Tage mit den Menschen verbringen zu können, die ihm am meisten bedeutet haben. Er setzt sich hin und macht sich eine letzte

To-Do-Liste für sein Leben. Den größten Punkt auf der Liste stellt das positive Abrunden seiner zwischenmenschlichen Beziehungen dar. Dazu malt er einige Kreise auf ein Papier und beginnt im Zentrum mit dem Menschen, der ihm am nächsten steht – seiner Frau. Im engsten Kreis steht seine Familie, dann kommen Verwandte, engste Freunde und Lebensgefährten und schließlich alle weiteren Menschen, die seinen Weg gekreuzt und einen bleibenden Eindruck hinterlassen haben. Erstaunt über die große Anzahl der Menschen, die sein Leben bereichert haben, beginnt er von außen nach innen, mit den Menschen in Kontakt zu treten, ihnen seine aufrichtige Wertschätzung und Dankbarkeit entgegenzubringen und versucht, einige noch ein letztes Mal persönlich zu treffen. Er schreibt, dass er in diesem letzten Gespräch mit einigen Menschen stellenweise mehr Tiefe, Offenheit und Verbundenheit herstellen konnte, als im gesamten Leben zuvor. Daher rührt auch sein Satz, dass er sich gesegnet gefühlt hat, dass ihm gesagt wurde, er habe noch drei Monate zu leben. Er konnte die meisten seiner Beziehungen wunderschön abrunden, wie viele Beispiele aus dem Buch zeigen. Einer der schönsten Gedanken des Buchs, nach meinem Erachten, liegt in seiner Herangehensweise an diese Gespräche und an jeden seiner verbleibenden Tage. Er strebt danach, noch so viele *perfekte Momente* wie möglich zu erleben. Das bedeutet für ihn nichts anderes, als voll und ganz präsent im Moment zu sein; die scheinbar alltäglichen Dinge mit Erstaunen wahrzunehmen; sich über Kleinigkeiten zu erfreuen und seine gesamte Aufmerksamkeit auf seinen Gegenüber zu richten. Er schreibt, dass er durch dieses Vorgehen, mehr Tiefgang und Qualität in sein Leben bringen konnte, als all die Jahre zuvor. Er schreibt auch, dass er dadurch das Gefühl hatte, die Zeit verlangsamen zu können, und sich Tage, wie Wochen, Wochen wie Monate und Monate wie Jahre angefühlt haben. Und er schreibt, dass er nach jedem Gespräch losgelassen hat und nicht zurückblickte. Keineswegs aus Boshaftigkeit oder weil ihm jemand nun nichts mehr bedeutete, sondern weil er sich darin übte, im Moment zu leben und das Gestern hinter sich zu lassen.

Anstatt zu hadern, dass ihn seine motorischen Fähigkeiten und seine visuellen Sinne zunehmend im Stich ließen, nahm er wahr, dass sich dadurch seine Introspektive intensivierte, andere Sinne geschärft wurden und alles, was nicht wesentlich für ihn war, augenscheinlich wegfiel. Er übte sich täglich im Loslassen und alle, die ihn während seiner letzten Tage erleben durften, spürten, wie friedlich und ruhig er dadurch seinem nächsten Abenteuer entgegen steuerte. Er vergaß dabei nicht anzumerken, dass es das Schwerste war, was er bisher in seinem Leben zu lernen hatte – doch wie in allen Dingen, wurde er durch Übung besser.

Er hat uns Menschen, die von seiner Geschichte lernen dürfen, ein großes Geschenk hinterlassen. Durch sein Beispiel schenkt er uns die Möglichkeit, unsere Wahrnehmung und Perspektive zu schärfen und den ein oder anderen Ansatz von ihm zu übernehmen, ohne sein Schicksal teilen zu müssen. Ein perfekter Moment kann in jedem Augenblick von uns erzeugt werden, wenn wir nur offen dafür sind; wenn wir innehalten und einfach nur wahrnehmen, was um uns herum geschieht; wenn wir feststellen, dass es einen gewöhnlichen Moment gar nicht gibt, weil wir im ständigen Wandel leben und stets von Leben umgeben sind. Gerade in unserer heutigen Welt, wo die *Virtuelle Realität* unsere Zwischenmenschlichkeit auf eine große Probe stellt, kann uns der Gedanke an O'Kelly's Ansatz der perfekten Momente zu neuer Lebensqualität, Menschlichkeit sowie Verbundenheit inspirieren.

Lernen loszulassen, lehrt uns wie kaum etwas anderes, in Einklang zu leben. Die Dinge, die wir krampfhaft festhalten, von denen wir uns unter keinen Umständen lösen wollen, und an denen wir am meisten hängen, gehen uns oft genau wegen dieser Haltung verloren. Paradebeispiel: intime Beziehungen.

Die ehrliche Bereitschaft nicht länger an dem zu klammern, was uns die Welt bedeuten mag, schafft Freiheit und bringt uns oft genau das, was wir wollen. Etwas, das wir wirklich lieben, anstatt es anzuhimmeln und es einseitig zu betrachten, können wir gar nicht verlieren. Loslassen ist dann am schmerzhaftesten, wenn wir uns selbst etwas vormachen und uns einreden, unsere Einseitigkeit wäre Liebe. Je mehr wir an Dingen hängen und je schwerer uns das Loslassen fällt, umso mehr gilt es noch zu lernen und umso mehr können wir uns darauf einstellen, dass die Sache, an der wir hängen, uns noch Leid bereiten wird. Genauso wie dem gegeben wird, der schon hat und dem genommen wird, der nichts hat, wird auch dem genommen, der festhalten will, und dem gegeben, der bereit ist loszulassen.

In Einklang leben

Wie führen wir also ein Leben in Einklang? Gelingt es uns dadurch, dass wir gemäß unseren Fähigkeiten leben und diese zur vollen Entfaltung bringen, wie Aristoteles meinte? Oder indem wir uns der Rolle fügen, die uns für dieses Leben vorgesehen war, und diese so gut wie möglich ausüben, wie der Stoiker Epiktet es uns in seinen Diskursen nahelegt? Oder indem wir unseren *Telos* identifizieren und unser Handeln entsprechend ausrichten, wie es in diesem Buch hin und wieder impliziert wurde?

Einen interessanten Gedankenimpuls zu dieser Frage bietet Osho, der sagte: *„Das Echte kann einem niemand geben. Was dir gegeben werden kann, kann nicht echt sein. Du hast das Echte schon. Du brauchst nur noch das Falsche wegzunehmen."*

Am Ende des Tages sind wir es, die darüber richten, ob wir in Einklang leben, authentisch und selbstbewusst sind; ob wir der inneren oder den äußeren Stimmen mehr Gewicht schenken; ob wir bereit sind, den Weg zu gehen, der zu uns selbst führt.

Wenn wir uns selbst so annehmen und lieben können, wie wir sind, uns nicht dafür verurteilen oder manche Seiten von uns loswerden wollen, sind wir Herr unseres Selbst. Und das stellt die Grundlage des Lebens in Einklang dar. Denn dadurch leben wir gemäß der Natur und somit auch des Universums. Was auf kleinster Ebene zutrifft, trifft ebenso auf der größten Ebene zu.

Wir sind der erste Kreis mit einem schier ungreifbaren Radius.

KAPITEL 9

Wir bestimmen die Ebene, die Frequenz, die Wellenlänge, das Resonanzlevel, das wir dabei einnehmen möchten. Je kleiner, umso sicherer und bequemer, dafür umso limitierter. Je größer, umso ungewisser und herausfordernder, dafür umso grenzenloser. Die inhärente Sehnsucht das Ungewisse zu begreifen, Licht ins Dunkel zu bringen, ein Mysterium zu verstehen, und unserem Kern näher zu kommen, treibt uns alle zur rechten Zeit in höhere und weitere Sphären.

Kapitel-Highlights

- Eugene O'Kellys Ansatz der perfekten Momente: Präsent im Augenblick sein, die Zeit *verlangsamen* und dadurch dem Leben mehr Qualität und Tiefgang abgewinnen.
- Das Loslassen-Können setzt uns frei. Das Festhalten-Wollen hält uns in Ketten.
- Herr des Selbst ist jener, der es schafft, er selbst zu sein, ohne sich dafür zu verurteilen.
- Der Blick nach innen ermöglicht uns, Aufschluss darüber zu gewinnen, ob wir ein Leben in Einklang mit uns, anderen und der Natur führen. Es kann uns von niemandem abgenommen werden.

Epilog: Dein Licht leuchten lassen

> *Am Ende Deiner Reise*
> *wirst Du nicht gefragt:*
> *„Bist Du ein Heiliger geworden?", oder:*
> *„Hast Du für das Heil der Menschen gekämpft?"*
> *Die einzige Frage, die Du*
> *zu beantworten hast, ist:*
> **„Bist Du Du selbst geworden?"**
> Laotse

Osho hat einmal in einem Vortrag gesagt: *„Denn wenn du dich öffnest, entsteht Vertrauen. Wenn du selbst keine Angst hast, verliert auch der andere seine Furcht."* Diese Aussage rundet die Botschaft dieses Buches sehr schön ab und fasst zusammen, was ich dir zum Ende unserer gemeinsamen Reise noch mit auf den Weg geben möchte. Was Osho über die Angst sagt, trifft auch auf das Authentisch-Sein zu. Die Authentizität und das Selbstbewusstsein einer Person ermöglicht es uns, ebenfalls authentisch zu sein, weil wir dadurch unsere Furcht davor verlieren. Authentisch-Sein erfordert immer Mut. Es kann beängstigend sein, man selbst zu sein. Sowie Ignoranz das Leben leichter machen kann – *Ignorance is bliss* – kann auch die Nachahmung deutlich weniger einschüchternd sein.

„Und wenn wir unser Licht scheinen lassen,
geben wir damit unbewusst anderen die Erlaubnis, es auch zu tun.
Wenn wir von unserer eigenen Angst befreit sind,
befreit unsere Gegenwart automatisch die anderen."

Es ist unsere Aufgabe im Leben, durch unser leuchtendes Beispiel, unser Fortschreiten und unsere Entwicklung andere mitzureißen und sie nach höheren Sphären streben zu lassen. Indem wir konsequent unseren Weg gehen, ziehen wir andere mit. Und dadurch erreichen wir einen Grad an Bewusstsein als Spezies, der uns stetig in neue Dimensionen vordringen lässt. Höhere Sphären erreichen wir nur gemeinsam.

Den Grund wieso es fast schon unsere Pflicht ist, unser Licht leuchten zu lassen und andere dadurch zu *erhellen* – mal abgesehen davon, dass es dem Leben Sinn verleiht, wenn der Zweck und das Tun im Leben größer als man selbst sind und es für viele nichts schöneres gibt, als andere Menschen durch das eigene Dasein zu berühren – will ich durch eine kleine persönliche Geschichte hervorheben.

Gelinde gesagt, war ich während meiner Schulzeit in Deutschland, bevor ich in der 9. Klasse nach Südafrika ging, alles andere als ein Musterschüler – weder vom Verhalten noch von den Noten her. In den Jahrgangsstufen 5–7 sammelte ich fleißig Verweise für *freches und vorlautes Verhalten* (natürlich nur aus Sicht der Lehrer :)) und einmal habe ich sogar zwei Lehrer im Schulflur miteinander sprechen hören, als der eine zum anderen sagte: „Ich muss jetzt in die Klasse mit dem Sierck." Worauf der andere mit vollem Ernst antwortete: „Du Armer."

Ein Lehrer, mit dem ich lange Zeit nicht sonderlich gut zurecht kam – was auf Gegenseitigkeit beruhte – unterrichtete unsere Klasse in dem Jahr bevor es für mich nach Südafrika ging in Deutsch; ein Fach, in dem ich nie geglänzt hatte; ein Fach, in dem mir eine Lehrerin in der sechsten Klasse tatsächlich geraten hat, ich solle mich lieber auf meine sportliche Karriere fokussieren, weil meine akademischen Mängel zu groß wären. (Das sagte sie, nachdem sie mir als einzigem in der Klasse eine sechs in der Schulaufgabe gegeben hatte.)

Aus mir bis heute unerklärlichen Gründen wieso er es tat, sagte dieser Deutsch-Lehrer einmal vor der gesamten Klasse, dass ich das Zeug dazu hätte, einiges aus meinem Leben zu machen (was auch immer das heißen mag). Aus irgendeinem Grund glaubte er an mich und hat zu der Zeit mehr in mir gesehen, als ich es selbst gewagt habe. Ich war es gewohnt, u.a. von demselben Lehrer, vor der Klasse getadelt zu werden. Schon in der dritten Klasse hat mein Grundschullehrer beispielsweise ebenfalls vor der ganzen Klasse gesagt, wie sehr er sich im Kollegium für mein Verhalten schäme und meine Mutter war gefühlter Dauergast in Sprechstunden. Doch dieser Deutschlehrer tat an dem Tag das Gegenteil, was eine neue Erfahrung war. Und was seine Worte für mich bedeuteten, werde ich in diesem Leben nicht vergessen.

Der Punkt, den ich hier machen will, ist der folgende: wir können nie wissen, zu welchem Ausmaß unsere Worte und unser Handeln andere Menschen beeinflusst und inspiriert. Was wir sagen, kann noch über lange Zeiträume beim anderen nachwirken, obwohl wir es womöglich schon längst wieder vergessen haben. Der Domino-Effekt kann für Jahre anhalten und von Generation zu Generation weitergereicht werden. Selbst mein Opa hat mir noch von Menschen erzählt, deren Handeln und Worte ihn geprägt und bewegt haben. Es liegt an uns, Wellen zu schlagen und für andere den ersten Domino-Stein zum Fallen zu bringen. Unser Licht, unsere Furchtlosigkeit, unser Authentisch-Sein, unsere Klarheit und unser Selbstbewusstsein schenken unserem Umfeld Mut, Hoffnung und Glauben daran, den eigenen Weg finden und gehen zu können; den Weg, der uns die Frage von Laotse *„Bist Du Du selbst geworden?"* bejahen lässt.

Danke!

In einem Buch steckt immer viel Herz, Zeit, Arbeit und Hingabe. Dahinter steckt noch einiges mehr. Auch bei diesem Buch wäre die Umsetzung ohne mein grandioses Team, ohne den Rückhalt einiger Freunde und meiner Familie, und ohne inhaltliche und sprachliche Gehilfen nicht so rund über die Bühne gegangen.

Danke:

- Valentin Kamm – für die gesamte Begleitung des Projekts.
- Laura Ofenreiter – für das Design und den Buchsatz.
- Julian Hofmann, Ramin Waraghai, Martin Rieger und Philipp von der Wippel – für euer inhaltliches und sprachliches Feedback.
- Philipp von der Wippel – für das wunderschöne Vorwort.
- Eltern, Oma & Opa, Tanten & Onkeln – für die Unterstützung.
- Thomas Albrecht, Antti Kirjalainen, Felix Dobler, Jonas Geißler, David Hompes, Thomas Lindemann, Daniel Maus, Carlo Reumont, Mattis Weiler, Lydia Wrensch & Nadine Becker – für eure Freundschaft und euer Interesse an meiner Arbeit.
- Emilio Galli-Zugaro, Marcel Hagmann, Martin Limbeck & Dr. John Demartini – weil ihr mich inspiriert.
- Die vielen großartigen Autoren, von denen ich so viel lernen durfte – allen voran Hesse, Emerson, Dostojewski, Wolf Schneider, Frankl, Platon & Aristoteles.
- Dir – dem Leser! Ohne dich, hätte meine Arbeit nur wenig Sinn.

Ich bin euch auf ewig verbunden und wünsche alles Gute.

Euer Jonathan

Über den Autor

Jonathan Sierck ist mehrfacher Autor, Keynote-Speaker und der Gründer von der Inspired World GmbH. Der gebürtige Südafrikaner und studierte Philosoph ist Selbstoptimierungs- und Mindset-Experte und unterstützt seine Klienten und Kursteilnehmern dabei, sich selbst noch besser zu managen, effizienter zu arbeiten, Informationsfluten in Zeiten der Digitalisierung zu bewältigen und mehr von ihrer mentalen Leistungsfähigkeit abzurufen.

Weitere Informationen, Newsletter-Anmeldung & Buchungsanfragen:
www.jonathansierck.com
Kontakt: info@jonathansierck.de
YouTube & Facebook: Jonathan Sierck

Literaturverzeichnis:

- **Aggrey**, James: Der Adler, der nicht fliegen wollte: Peter Hammer Verlag, 4. Auflage, Wuppertal, 1985.
- **Aristoteles**: Nikomachische Ethik: Great Books of the Western World, Second Edition, Volume 8, 1990.
- **Aristoteles**: Rhetorik: Great Books of the Western World, Second Edition, Volume 8, 1990.
- **Von Aquin**, Thomas: Summa Theologiae: Great Books of the Western World, Second Edition, Volume 17–18, 1990.
- **Buber**, Martin: Ich und Du: Gütersloher Verlagshaus, 16. Auflage, München, 1999.
- **Cicero**: Vom höchsten Gut und vom größten Übel: Anaconda Verlag, Köln, 2012.
- **Covey**, Stephen R.: Die 7-Wege der Effektivität – Prinzipien für persönlichen und beruflichen Erfolg: GABAL Verlag, 29. Auflage, Offenbach, 2014.
- **Denton**, Derek: The Primordial Emotions: The Dawning of Consciousness: Oxford University Press, Oxford, 2006.
- **Descartes**, René: Meditationes de prima philosophia: Philosophische Bibliothek Band 597, Felix Meiner Verlag, Hamburg, 2008.
- **Dostojewski**, Fjodor M.: Schuld und Sühne: Deutscher Taschenbuch Verlag, 24. Auflage, München, 2007.
- **Dostojewski**, Fjodor M.: Die Brüder Karamassow: Insel Taschenbuch, 1. Auflage, Frankfurt am Main und Leipzig, 2008.
- **Freud**, Sigmund: Das Ich und das Es – Metapsychologische Schriften: FISCHER Taschenbuch, 4. Auflage, Frankfurt am Main, 2009.
- **Emerson**, Ralph Waldo: Essays: Diogenes Verlag, 4. Auflage, Zürich, 2003.
- **Epictetus**: Discourses Books 1–2: Aus dem Griechischen. Übersetzt und Einführung von W.A. Oldfather, Harvard 1925 (Reprint 1998).

- **Epictetus**: Discourses Books 3–4: Fragments. The Encheiridion. Aus dem Griechischen, Übersetzt von W.A. Oldfather, Harvard 1928.
- **Gladwell**, Malcom: David & Golliath – Underdogs, Misfits, and the Art of Battling Giants: Penguin Books Ltd., London, 2014.
- **Goldsmith**, Marshall: What got you here, won't get you there – How Successful People Become Even More Successful: Hachette Books, New York, 2014.
- **Greene**, Robert: The 48 Laws of Power: Pro le Books, London, 2002.
- **Greene**, Robert: Mastery: Penguin Books Ltd., London, 2012.
- **Heath**, Chip und Dan: Switch – How to change things when change is hard: Random House Business Books, New York, 2011.
- **Hill**, Napoleon: The Law of Success – The Master Wealth-Builder's Complete and Original Lesson Plan for Achieving Your Dreams: Penguin Group, New York, 2008.
- **Ibarra**, Herminia: Working Identity – Unconventional Strategies for Reinventing Your Career: Harvard Business School Press, Boston, 2003.
- **Lukrez**: Über die Natur der Dinge (Dem Rerum Natura): Galiani Berlin, Köln, 2014.
- **Krishnamurti**, Jiddue: Einbruch in die Freiheit: Lotos Verlag, 27. Auflage, Berlin, 2004.
- **Malik**, Fredmund: Führen, Leisten, Leben – Wirksames Management für eine neue Welt: Campus Verlag, Frankfurt am Main, 2014.
- **McGonigal**, Dr. Kelly: The Willpower Instinct – How Self-Control Works, Why It Matters, and What You Can Do To Get More of It: Avery, New York, 2011.

LITERATURVERZEICHNIS

- **Mansfeld**, Jaap & Primavesi, Oliver: Die Vorsokratiker – Griechisch/Deutsch: Reclam Verlag, Ditzingen, 2012.
- **Nietzsche**, Friedrich: Also sprach Zarathustra: Nikol, Hamburg, 2011.
- **Nietzsche**, Friedrich: Werke in drei Bänden (Band 3): Carl Hanser Verlag, München, 1982.
- **Parmenides**: Vom Wesen des Seienden: Suhrkamp Verlag, Berlin, 1986.
- **Platon**: Phaidon – Von der Unsterblichkeit der Seele: Berlinger Ausgabe, 4. Auflage, 2016.
- **Platon**: Politeia: Akademie Verlag, Berlin, 2011.
- **Rand**, Ayn: The Virtue of Selfishness: Penguin Group, New York, 1964.
- **Robbins**, Anthony: Money Master the Game – 7 Simple Steps to Financial Freedom: Simon & Schuster, New York, 2014.
- **Sierck**, Jonathan: Fü(h)r Dich Selbst – Mit dem richtigen Mindset zum Erfolg: MV-Verlag, Münster, 2014.
- **Shakespeare**, William: Hamlet: Deutscher Taschenbuch Verlag, 12. Auflage, München, 2016.
- **Thoreau**, Henry David: Walden: Bantam Books, New York, 1962.
- **Tolstoi**, Leo: Der Tod des Iwan Iljitsch: Anaconda, Köln, 2008.
- **Tyson**, Neil DeGrasse, Greatest Sermon Ever: https://www.youtube.com/watch?v=6RjW5-4liSc
- **Wittgenstein**, Ludwid: Tractatus logico-philosophicus: Logisch-philosophische Abhandlung: Suhrkamp Verlag, Frankfurt am Main, 2003.

Printed in Poland
by Amazon Fulfillment
Poland Sp. z o.o., Wrocław